FICHES MÉTHODES DE TRAVAIL POUR LE COLLÈGE

100 fiches - 840 conseils utiles classés

MICHEL COÉFFÉ

Pierre GIRARD Éditeur
5 impasse Mirabeau - 29000 Quimper

Pierre Girard Éditeur, Quimper, 1ère édition 1999
ISBN 2-9503240-6-1

SOMMAIRE

DES FICHES FACILES D'EMPLOI

La quantité de conseils proposés dans ce livre ne doit pas vous arrêter.

- Chacun choisit, en fonction de ses besoins du moment, **uniquement la ou les fiches qui l'intéressent**. Les *Fiches Méthodes* ressemblent à une boîte à outils en libre-service. **Constamment à portée de main**, comme un dictionnaire, le livre peut être ouvert à n'importe quelle page. Chaque fiche est autonome et apporte une solution à un problème précis.

- Il ne s'agit pas non plus d'appliquer, dès le départ, tous les conseils donnés. Ce qui compte est d'améliorer votre efficacité au travail **progressivement.** La colonne destinée au pointage permet de vous aider afin de savoir où vous en êtes dans l'application de ces conseils, à un moment donné.
  Les *Fiches Méthodes* peuvent être cochées plusieurs fois par des signes complémentaires distinctifs :

- Enfin, les méthodes indiquées ne sont que des propositions. Chacun **les teste et les adapte éventuellement** à sa situation.

C'est à la suite de **pratiques volontaires répétées** que se mettent en place les démarches efficaces d'apprentissage. En cela, les *Fiches Méthodes* utilisées régulièrement, **en classe et à la maison**, deviendront véritablement **le nerf de votre réussite.**

OBJECTIF 1

JE M'ORGANISE POUR LE COLLÈGE

Coche ci-dessous les avis que tu exprimes parfois. Puis, découvre dans les pages suivantes les conseils qui s'y rapportent.

- ☐ Il y a trop de travail au collège.
- ☐ Je prépare mes affaires le matin avant les cours.
- ☐ Il est inévitable d'oublier des affaires de temps en temps.
- ☐ Mon cartable est trop lourd.
- ☐ Les livres qui appartiennent à l'établissement peuvent être abîmés.
- ☐ Je n'ai pas de coin particulier pour travailler.
- ☐ Je n'ai jamais réfléchi à l'éclairage de la table où je travaille.
- ☐ Je suis perdu, je n'arrive pas à tout faire.
- ☐ Je travaille facilement avec la musique ou la télévision.
- ☐ J'aime travailler au milieu de mes affaires préférées.
- ☐ J'ai trop de classeurs.
- ☐ J'apporte, en classe, un cahier par matière.
- ☐ Je travaille au fur et à mesure.
- ☐ Je me trompe souvent, lorsque je prépare mes affaires.
- ☐ J'ai du mal à retrouver mes affaires.
- ☐ Je jette les cours des années précédentes.
- ☐ Je demande souvent des affaires à mon voisin.
- ☐ Mon classeur est trop lourd.

LE DÉBUT D'ANNÉE AU COLLÈGE

PRÉPARATION 1

FAIT

Le début d'année au collège est souvent difficile à cause :

- des problèmes matériels : emplois du temps avec plusieurs professeurs, changements de salles, administration, etc.
- des devoirs à effectuer et du rythme de travail à prendre,
- des problèmes d'organisation et de gestion du temps qui en résultent,
- du niveau d'exigence et de réflexion plus élevé,
- des attentes contradictoires des professeurs parfois,
- d'une plus grande autonomie, les élèves sont moins assistés,
- de l'anonymat plus grand.

J'anticipe

Je m'adapte le plus vite possible. Je n'attends pas les mauvais résultats, je ne me laisse pas porter par les événements.

1 - Au collège, je consulte le panneau d'affichage pour connaître toutes les informations communiquées par l'administration (absences des professeurs, déplacements sportifs, etc.).

2 - Je m'informe très tôt sur **l'orientation et** les **options à choisir**.

3 - Je gère mon temps, je garde toujours mon emploi du temps et mon agenda à portée de la main (voir fiche 11).

4 - **Je sais perdre du temps pour en gagner**, je réfléchis avant d'agir :
- je planifie mon travail sur plusieurs jours,
- je réfléchis à mon travail avant de l'exécuter, par exemple, je lis mon cours ou mon livre de classe avant d'effectuer un exercice.

5 - J'ouvre mon livret scolaire de l'année dernière pour identifier mes points forts et mes points faibles.

FAIT

6 - En fonction de ces résultats et de mes ambitions, je détermine :
- des objectifs à atteindre : clairs, réalistes, avec des échéances précises.
- les moyens concrets à mettre en œuvre : livres, cours de rattrapage...

7 - Je n'hésite pas à me faire offrir des CD-ROM. Ils peuvent enrichir agréablement les cours et faciliter leur mémorisation, particulièrement pour ceux qui me paraissent difficiles ou que je n'aime pas.

Je classe

1 - Je ne m'énerve plus à rechercher mes affaires, **tout est classé** :
- chaque discipline a sa place sur une étagère ou dans un tiroir,
- chaque discipline comporte un ou plusieurs dossiers spécialisés,
- chaque dossier possède bien en évidence son titre.

Par exemple, en langue, je possède des dossiers "cours", "devoirs et conseils", "grammaire", "vocabulaire", "actualité".

2 - Ces dossiers sont soit des classeurs, soit de simples chemises rigides avec des sous-chemises.

3 - Dès qu'un dossier n'est plus utilisé, je le range.

JE DEVIENS AUTONOME

FAIT

En classe

1 - Je travaille sans qu'on me le demande, en particulier, j'effectue mon **travail au fur et à mesure**.

2 - **Je n'hésite pas à retravailler les notions mal assimilées**, j'utilise mes livres de classe.

3 - Je profite de mes heures de permanence pour m'avancer dans mon travail.

A la maison

1 - Je lis régulièrement au moins un livre par mois, pour enrichir ma culture, entretenir mon français et surtout pour mon plaisir.

2 - Lorsque j'ai beaucoup de travail, j'ai le réflexe de le répartir sur plusieurs jours.

3 - **Je vérifie, moi-même, que j'ai retenu** : je n'attends pas que mes parents m'interrogent.

4 - Je tiens à jour mes moyennes, je sais toujours où j'en suis dans chaque matière.

5 - Je cherche à m'améliorer, sans qu'on me le dise.

JE PRENDS DE BONNES HABITUDES

FAIT

Les bonnes habitudes sont celles qui sont efficaces : si je ne suis pas efficace, je change mes habitudes.

☐ 1 - J'exige plus de moi-même que des autres.

☐ 2 - Mon **rythme de travail est soutenu dès le début** de l'année pour faire face à tout ce qui est demandé. Je n'attends pas que les contrôles arrivent (généralement tous en même temps).

☐ 3 - Mon travail est **régulier**, pour atteindre le niveau exigé.

☐ 4 - **Je répartis toujours mon travail** sur la semaine.

☐ 5 - Je travaille aux mêmes heures pour ne pas avoir de difficulté à me lancer dans l'action.

☐ 6 - J'effectue **une seule chose à la fois**.

☐ 7 - Je me représente mentalement ma réussite : je me conditionne, je construis moi-même mon cerveau.

☐ 8 - Je soigne tout ce qui permet de garder la forme intellectuelle : alimentation, sommeil, sport...

☐ 9 - Chaque soir :
- je range mon bureau : je ne garde en permanence que mes outils pour écrire, mon agenda et mes dictionnaires,
- je regarde sur ma grille de répartition (voir fiche 13) le travail à effectuer le lendemain.

J'ORGANISE MON BUREAU

FAIT

Rien n'est plus énervant que de chercher ses affaires. Beaucoup de temps et d'énergie peuvent être gagnés en s'organisant.

Je m'organise en début d'année

1 - Je travaille dans ma chambre ou dans un endroit calme.

2 - J'aménage mon bureau près de la fenêtre, bien éclairé le jour. Le soir, la lumière provient d'une lampe orientable placée à gauche pour faciliter la lecture de ce que j'écris.

3 - Pour retrouver tout de suite mes affaires, **je suis ordonné** :
- je ne garde **sur mon bureau que ce qui concerne le collège**,
- je range **le reste sur des étagères**, je n'y touche pas quand je travaille.

4 - Je range mes cours dans des classeurs. Je les place sur des étagères quand je ne les utilise pas ; ainsi mon bureau n'est pas encombré.

5 - Sur les étagères, je garde aussi, dans des boîtes d'archives, les cours de l'année précédente pour les consulter à la moindre difficulté.

6 - Par contre, je garde en permanence sur mon bureau : un vrai cahier de brouillon, une grammaire, un dictionnaire de français et les dictionnaires de langue. J'en ai besoin pratiquement chaque jour.

7 - J'aère mon bureau tous les jours.

Je m'organise en fin de semaine

Systématiquement, chaque fin de semaine :
- je mets de l'ordre sur mon bureau, je ne garde que ce qui me sert,
- je replace les cours de la semaine dans mes classeurs,
- je vérifie mes outils et complète mes fournitures,
- je planifie mon travail pour toute la semaine.

5 PRÉPARATION

JE POSSÈDE LES OUTILS NÉCESSAIRES POUR LE COLLÈGE

FAIT

1 - J'apporte en classe tout ce qui est demandé pour plusieurs raisons :
- sans ces outils, je ne peux pas travailler correctement, par exemple si je n'ai pas de compas, je ne pourrai pas tracer certaines figures géométriques,
- je n'aime pas qu'on me dérange et donc je n'aime pas déranger mes voisins pour demander quelque chose.

2 - Inversement, je ne veux pas être surchargé d'objets inutiles : je prends juste ce qui est nécessaire.

3 - J'évite d'apporter un classeur pour chaque discipline, si ce n'est pas demandé par mon professeur.
Je choisis un trieur dans lequel je place uniquement les deux derniers chapitres pris en note, ainsi que leurs exercices.

4 - Pour éviter de me tromper, j'utilise **une couleur par matière** et place une pastille autocollante de la couleur choisie sur les livres et classeurs.

5 - Je possède deux trousses, l'une dans mon sac de classe, l'autre sur mon bureau à la maison ; j'évite ainsi bien des manipulations. Cela me coûte plus cher au départ, mais je n'en consomme pas plus sur l'année.

JE PRÉPARE SOIGNEUSEMENT MON SAC DE CLASSE

FAIT

1 - Je prépare mon sac de classe **le soir**, dès que j'ai fini mes leçons et devoirs. Cela m'évite d'être bousculé ou de m'énerver le matin avant de partir. ☐

2 - Je commence toujours par **le vider**, pour ne rien laisser d'inutile. Je n'y place ensuite que ce dont j'ai besoin. ☐

3 - J'élimine de ma trousse tout ce qui ne fonctionne plus et je le remplace immédiatement (j'ai chez moi des outils de rechange). ☐

4 - Je garde ma trousse en permanence dans mon sac de classe. ☐

5 - J'enlève régulièrement les thèmes terminés du trieur ou des classeurs du sac de classe, pour les ranger à la maison. ☐

6 - Chez moi, j'ai bien en évidence sur une liste, au mur, sur mon bureau, ou mieux, collée sur la première page de mon agenda, ce que je dois prendre (voir fiches 7 et 8). Je gagne beaucoup de temps. ☐

7 - À partir de cette liste, je place dans mon sac de classe les éléments nécessaires pour le lendemain. ☐

8 - J'équilibre mon sac de classe, pour ne pas me fatiguer. J'alterne par exemple livres et classeurs. ☐

9 - Si mon sac de classe est trop lourd et me fait mal au dos, j'en parle à mes parents pour trouver une solution. ☐

7 PRÉPARATION

CE QUE JE PLACE CHAQUE JOUR DANS MON SAC DE CLASSE

FAIT

Liste à afficher au mur, sur mon bureau ou mieux encore, à coller dans le sac de classe ou sur mon agenda.

1 - Mon agenda et **le travail qui était à terminer** ou à préparer.

2 - Mes cahiers du jour (pas trop lourds, 50 pages maximum), ou mes classeurs, ou mieux encore, un trieur pour tout remplacer.

3 - Mes livres de cours du jour.

4 - Mon cahier de brouillon, il est indispensable.

5 - Les feuilles de classeur et copies nécessaires pour les devoirs.

6 - Le cahier de bord ou le carnet de correspondance.

7 - Ma trousse avec :
- des crayons à bille de couleur,
- un stylo et des cartouches d'encre,
- deux ou trois crayons de couleur pour les cartes et schémas,
- un crayon gris HB en bon état pour le brouillon,
- une gomme,
- un taille-crayon avec sa boîte,
- du correcteur,
- un effaceur,
- un ou des surligneurs,
- des ciseaux,
- de la colle,
- une règle plate et graduée facile à ranger,
- un compas, un rapporteur, une équerre.

8 - Ma calculatrice.

9 - Je n'oublie pas une source d'énergie comme une pomme (j'évite les barres de céréales), éventuellement une petite bouteille d'eau.

MATÉRIEL À PRENDRE SELON LES COURS

FAIT

Pour les cours suivants, j'ai besoin de :

En français, expression écrite :

En français, grammaire :

En français, lecture :

En anglais :

En maths :

En histoire :

En géographie :

En biologie :

En physique :

En dessin :

En technologie :

En éducation civique :

En E. P. S. :

Pour la piscine :

....

9 PRÉPARATION

CE QUE J'EMPORTE EN FONCTION DES JOURS DE LA SEMAINE

FAIT

Pour établir cette liste reprendre sur la fiche 9 le matériel nécessaire dans chaque discipline.

Lundi :
Mardi :
Mercredi :
Jeudi :
Vendredi :
Samedi :

Remarques importantes :

- Je consulte mon agenda pour les éléments inhabituels à prendre.
- Je n'oublie pas le travail qui était à préparer.
- Je prévois du travail pour les heures de permanence.
- J'emporte les tickets de cantine.
- Je ne me trompe pas dans les heures de quinzaine.

JE PRENDS SOIN DE MES AFFAIRES

FAIT

1 - Je prends soin de mes affaires, elles peuvent un jour profiter à d'autres.

2 - Je prends soin en particulier des **livres**, ils seront redonnés au collège à la fin de l'année. Je les couvre tous.

3 - Je ménage aussi mon **agenda**, il doit être opérationnel jusqu'à la fin de l'année.

4 - Je respecte mon **sac de classe** :
- ce n'est pas un ballon de foot, les shoots lui sont déconseillés,
- j'évite de le jeter par terre, ce qui l'abîmerait ainsi que ce qu'il contient.

5 - J'évite de garder des détritus dans mon sac de classe, ce n'est pas un sac poubelle.

6 - Je ne force pas bêtement pour remplir mon sac de classe, comme j'ai vu parfois des camarades le faire au risque de le déchirer.

7 - En arrivant à la maison, je vide les affaires de mon sac de sport, je l'aère et le nettoie.

OBJECTIF 2

J'ORGANISE MON TEMPS DE TRAVAIL

Coche ci-dessous les avis que tu exprimes parfois. Puis, découvre dans les pages suivantes les conseils qui s'y rapportent.

- ☐ Je passe du temps sur ce que j'aime bien.
- ☐ Je fatigue en travaillant.
- ☐ Tous les contrôles arrivent en même temps.
- ☐ Je n'ai pas assez de temps pour mes loisirs.
- ☐ Je n'arrive pas à terminer mon travail à temps.
- ☐ Il y a trop de travail au collège.
- ☐ Les professeurs ne nous disent pas comment faire.
- ☐ Je n'ai pas le temps de revoir les cours difficiles.
- ☐ Je ne sais pas quand travailler.
- ☐ Je n'arrive pas à me mettre au travail.
- ☐ Je suis trop fatigué le soir pour travailler, je préfère regarder la télé.
- ☐ Je ne sais pas ce qu'il faut travailler en priorité.
- ☐ Je ne sais pas comment répartir mon travail.
- ☐ Je me fais avoir aux interrogations surprises.
- ☐ La veille des contrôles, je panique.

TEMPS 11

J'UTILISE CONSTAMMENT MON AGENDA

FAIT

Je note chaque jour le travail à faire sur mon agenda

1 - Je note sur mon agenda au fur et à mesure les travaux à effectuer, **à la date à laquelle ils doivent être terminés**.

2 - Mon agenda est toujours bien tenu :
- j'écris et souligne la matière pour m'y retrouver,
- j'écris lisiblement, en particulier les chiffres,
- j'écris uniquement sur la page du jour concerné, sans déborder sur le jour qui suit,
- chaque travail noté est séparé par un trait.

3 - Je prends soin de bien copier les consignes pour ne pas me tromper ensuite dans le travail à fournir.

Exemple :
On me donne aujourd'hui le 5, pour le 17 : "contrôle en histoire + devoir de mathématiques". Je le note sur la page du 17.

4 - Je vérifie que tout est bien noté. Si je n'ai pas bien entendu ou bien vu au tableau le travail à faire, je me le refais préciser.

J'exécute le travail noté sur mon agenda

1 - J'effectue les tâches notées sur mon agenda et ma grille de répartition :
- d'abord celles qui sont urgentes (à effectuer pour le lendemain),
- puis celles qui sont prioritaires sur les autres qui restent.

2 - Dès que je le peux, **je m'avance dans mon travail**.

3 - Le soir :
- je barre sur la page de mon agenda et sur ma grille de répartition le travail effectué,

FAIT

- je reporte ce qui n'est pas terminé sur les jours suivants et modifie mes prévisions de travail.

4 - Avant de refermer mon agenda, je consulte le travail du lendemain. Ainsi, je ne suis pas surpris et m'y prépare inconsciemment.

Je planifie mon travail en fin de semaine

1 - Je repère sur les pages journalières de mon agenda tout ce que j'ai prévu de faire dans les quinze jours qui viennent.

2 - **Je répartis les travaux qui me demandent du temps**. Je prévois de les effectuer sur les jours qui viennent. En fait, je place le travail à faire sur les cases vides d'une ou deux grilles de répartition (voir fiches 12 et 13).

Exemple précédent :

- *J'effectue mon devoir de maths le plus tôt possible pour être tranquille, je note sur la page du 7, dans la case 15 H à 16 H (en études) : "devoir de maths".*
- *Je fractionne mes révisions d'histoire et les étale sur plusieurs jours : je note sur les pages du 10, de 18 H à 18 H 30 et du 11, de 18 H à 18 H 30 : "révisions histoire".*
- *Je prévois une dernière révision globale d'histoire la veille de l'interrogation. Je le note sur la page du 16, de 20 h à 20 H 45, (avant de dormir pour mieux mémoriser) : "fin révisions histoire".*

3 - J'évite de surcharger mon agenda de travail ou d'activités. Je garde des heures de liberté pour décompresser ou pour rattraper du travail en retard, ou encore pour faire face à des imprévus.

JE SAIS RÉPARTIR MON TRAVAIL DANS LA SEMAINE

FAIT

J'ai intérêt à répartir mon travail

Je suis responsable, **je n'attends pas le dernier moment** pour effectuer mon travail, cela me permet de :
- ne pas accumuler de retard,
- faire sérieusement mon travail,
- pouvoir terminer mon travail,
- ne pas m'énerver, garder une certaine sérénité,
- ne pas empiéter sur mes loisirs,
- réserver du temps chaque jour pour me détendre.

Mon outil, la grille de répartition

1 - Pour faciliter la répartition de mon travail, j'utilise chaque semaine **une photocopie de mon emploi du temps** (voir fiche 13).

2 - Sur cet emploi du temps sont hachurées :
- toutes mes heures de cours,
- les heures habituelles de préparation de ces cours (par exemple la révision systématique la veille au soir des leçons du lendemain),
- toutes mes activités, par exemple le tennis,
- les soirées TV sélectionnées grâce aux programmes,
- je garde bien sûr des moments de détente dans la semaine.

Reste alors en évidence, les heures disponibles pour travailler.

3 - **Je répartis sur ces différentes heures disponibles** :
- tous les travaux qui demandent du temps,
- la préparation des différents contrôles.

A FAIRE		DIMANCHE	LUNDI	MARDI
	8			
	9			
	10			
	11			
	12			
	13			
	14			
	15			
	16			
	17			
	18			
	19			
	20			

	MERCREDI	JEUDI	VENDREDI	SAMEDI
8				
9				
10				
11				
12				
13				
14				
15				
16				
17				
18				
19				
20				

14 TEMPS

JE SUIS EFFICACE AU TRAVAIL

FAIT

Je ne gaspille pas mon temps

☐ 1 - Je programme mon travail sur plusieurs jours.

☐ 2 - Je ne perds pas mon temps devant la télévision. **J'utilise le magnétoscope** et j'accélère le défilement de la cassette lorsque cela ne m'intéresse pas.

☐ 3 - Pour travailler moins longtemps à la maison, je profite au maximum des **heures de permanence pour m'avancer**.

☐ 4 - J'ai de bons livres de base pour m'aider :
- livres de classe,
- grammaires simples,
- livre de méthodes,
- résumés de cours...

Ils me font gagner beaucoup de temps car j'y trouve l'essentiel.

☐ 5 - **Je me fixe toujours une limite de temps pour effectuer mon travail**, cela m'évite de traîner.

Exemple : je vais terminer mon exercice dans 15 minutes.

☐ 6 - Je travaille par conséquent avec **la montre sous les yeux**. Je constate que je suis ainsi nettement plus efficace.

☐ 7 - Quand je me mets au travail, je garde mon objectif en tête : **terminer ce que j'ai noté sur mon agenda**.

☐ 8 - Pour rester efficace, je ne fais qu'**une seule chose à la fois**.

Exemple :
- *quand je travaille je ne manipule pas une revue,*
- *je ne reçois ni copain, ni coup de fil.*

FAIT

9 - J'essaie toujours de voir ce qui est le plus important ; si je n'ai pas le temps, je passe sur les détails.

10 - Quand je n'arrive pas à trouver la réponse d'un problème, je n'hésite pas à demander à quelqu'un de m'aider.

Je ne me fatigue pas inutilement

1 - Pour éviter la fatigue et la monotonie, **j'alterne** :
- **travail et loisirs**,
- travaux difficiles et travaux moins difficiles,
- ou travaux de mémorisation et travaux de réflexion.

2 - Pour me détendre, j'effectue des pauses de 10 minutes toutes les 45 minutes de travail.

3 - Je sais me remettre rapidement au travail lorsque je n'ai pas terminé.

4 - Je vais jusqu'au bout de ce que j'ai programmé, sauf si je suis vraiment fatigué. Dans ce cas, j'arrête et je change d'air, ce n'est pas la peine que je m'épuise sans résultat.

15 TEMPS

JE TRAVAILLE AUX MEILLEURS MOMENTS DE LA JOURNÉE

FAIT

1 - Je tiens compte des conseils des chercheurs pour travailler aux moments les plus favorables de la journée et devenir ainsi plus efficace.

2 - Je consacre **le matin aux tâches de réflexion approfondie**. Mon esprit est plus clair après une nuit de sommeil. Il est mieux à même de résoudre les problèmes qui se posent, de trouver des idées, de les classer.

3 - **De 13 heures à 15 heures, j'effectue des activités extra-scolaires**. Cette période n'est pas favorable aux activités intellectuelles, tout simplement parce que mon organisme réserve son énergie pour la digestion.

4 - **Après 15 heures, je me consacre de préférence aux travaux de mémorisation**. C'est à ce moment de la journée que j'apprends le mieux mes cours.

5 - **Le soir avant le coucher**, **je revois ces cours**, ils seront ainsi repris en charge et assimilés par mon cerveau pendant la nuit.

6 - Je me suis observé pendant les vacances, je sais que je suis soit lève-tôt soit lève-tard. Dans mon travail, je respecte de préférence ce rythme ; je suis ainsi beaucoup plus efficace.

7 - Bien sûr, je profite des **périodes de grande forme pour m'avancer** dans mon travail.

JE SUIS MOTIVÉ, JE PENSE À MON PROJET D'ORIENTATION

OBJECTIF 3

Coche ci-dessous les avis que tu exprimes parfois. Puis, découvre dans les pages suivantes les conseils qui s'y rapportent.

- Je n'aime pas aller au collège. ☐
- J'ai toujours été mauvais. ☐
- À quoi servent les études avec tant de chômage ? ☐
- Je me décourage facilement. ☐
- Je ne sais pas où me renseigner sur les métiers. ☐
- Il y a des cours qui ne m'intéressent pas. ☐
- Je trouve que les cours prennent trop de temps. ☐
- J'ai envie de réussir mais je ne me sens pas capable d'y arriver. ☐
- Je ne vois pas ce qu'il faut faire pour réussir ce dont j'ai envie. ☐
- Je m'ennuie en classe. ☐
- C'est trop difficile. ☐
- Je ne sais pas ce que je ferai plus tard. ☐
- Ce n'est pas moi qui déciderai ce que je vais faire, on verra bien. ☐
- On travaille plus que les adultes, ce n'est pas normal. ☐
- Je n'ai rien de spécial pour réussir. ☐
- Je ne sais pas ce dont je suis capable. ☐
- L'orientation, c'est compliqué. ☐
- Il est trop tôt pour penser à mon orientation. ☐

JE DÉCIDE DE MA RÉUSSITE

FAIT

La motivation compte beaucoup dans les résultats ; par exemple, dans le sport pour 70 % des performances. Savoir pourquoi l'on court, savoir que l'on peut gagner, favorise la victoire. Être motivé, c'est savoir ce que l'on veut et pourquoi on le veut.

J'ai confiance en moi

1 - Je peux être utile aux autres, à la construction d'une société meilleure. Cela en me faisant plaisir et en m'épanouissant.

2 - **Je possède en moi les clés de ma réussite**, je suis à la fois l'architecte et le maçon de mon avenir : j'y crois pour me développer.

3 - J'ai l'ambition de développer tout mon potentiel, de donner le meilleur de moi-même, de progresser.

4 - J'ai plus de possibilités que je ne le pense, **je peux réussir mieux que je ne le crois**.

5 - Plus je connaîtrai mes possibilités, mais aussi mes limites, plus j'aurai confiance en moi.

Me connaître pour réussir

1 - Je me demande quelles sont mes capacités, mes ressources : elles seront demandées sur le marché du travail, plus que mes connaissances.

2 - Je suis convaincu d'avoir des qualités que les autres n'ont pas, d'être différent, unique. Je ne sais pas encore en quoi je suis unique, mais en agissant et en me posant des questions je le saurai.

3 - Je vais me connaître en :
- m'observant agir et réfléchir au quotidien ou dans mon travail,
- analysant les résultats de mon action ou de ma réflexion.

FAIT

4 - Le collège m'est très utile pour :
- les connaissances que je peux acquérir,
- **me connaître et m'épanouir à travers chaque tâche**.

5 - Je n'hésite pas à demander à ceux qui m'entourent leurs avis sur ma personnalité et mes aptitudes.

6 - J'ouvre mon livret scolaire de l'année dernière pour identifier mes points forts et mes points faibles.

7 - Je pense à mon orientation, je peux contacter le conseiller d'orientation ou le professeur principal pour en parler.

Je décide de mon avenir

1 - Je peux actuellement ne rien désirer, c'est normal. Mes parents pourvoient à mes besoins.
Mais ensuite, qui m'aidera ?

2 - **Je ne dois pas m'inquiéter si je ne sais pas ce que je ferai plus tard** ; la plupart de mes camarades ne le savent pas non plus. Si j'ai une idée tant mieux, sinon cela se dégagera au fur et à mesure, en fonction de mes possibilités.

3 - Une chose est certaine, **c'est moi qui déciderai**. Personne ne doit rien m'imposer. Pour en être sûr, je prends ma vie en main : je ne laisse pas les événements décider à ma place.

4 - J'ignore peut-être ce que je ferai, je me comporte cependant de la manière la plus positive possible. **Je travaille de mon mieux**, plus tard, j'en récolterai les fruits.

5 - Je peux essayer de me projeter dans l'avenir :
- qui voudrais-je être dans 10 ans ?
- sur ma carte de visite, quelle sera ma profession ?

17 MOTIVATION

QUESTIONNAIRE POUR MIEUX ME CONNAÎTRE

FAIT

Pour mieux me connaître et penser à mon avenir, je réponds spontanément aux questions suivantes :

☐ 1 - Quels sont mes rêves pour l'avenir ?

☐ 2 - **Quelles sont mes aptitudes ? Ai-je une dominante plutôt** :

- visuelle ou auditive ?
- abstraite ou concrète ?
- de synthèse ou d'analyse ?
- fondée sur l'intuition ou sur la raison ?
- théorique ou pratique ?
- spatiale ou temporelle ?

☐ 3 - Quelles sont les matières qui me plaisent le plus ?

- matière : .... qu'est-ce qui me semble facile ?
- matière : .... qu'est-ce qui me semble facile ?

☐ 4 - Quelles sont les matières que je n'aime pas du tout ?

- matière : .... qu'est-ce qui me semble difficile ?
- matière : .... qu'est-ce qui me semble difficile ?

☐ 5 - J'entoure ce qui correspond, selon mes parents, à **mes points forts** :

organisation, logique, réflexion, animation, initiative, vitesse, concentration, mémorisation, participation à l'oral, aptitude au calcul, aptitude à la résolution de problèmes, aptitude à la rédaction, amour de la lecture, du bricolage, du sport.

FAIT

6 - J'entoure ce qui correspond, selon mes parents, à **mon caractère** :

ambitieux, dynamique, persévérant, sentimental, effacé, imprévisible, confiant, ordonné, optimiste, bavard, sans imagination, froid, calme, réfléchi, autoritaire, traditionnel, scrupuleux, fuyant, inefficace, passif, fatigable, volontaire, observateur, diplomate, dépendant, paresseux, prudent, chaleureux, secret, hésitant, pessimiste, négativiste, exigeant, irascible, introverti, indécis, opportuniste, sensible, créatif, drôle, explorateur, comédien, versatile, impulsif, pratique, gaspilleur, passionné, imaginatif, intuitif, compétitif, généreux, adroit, sociable, extraverti, anticonformiste, travailleur, timide, curieux, angoissé, émotif.

7 - Qu'est-ce que j'aime faire en vacances ou en dehors de l'école ?

- Pourquoi ?

- Pourquoi ?

8 - Qu'est-ce qu'un métier devrait présenter comme qualités pour qu'il me plaise ?

9 - Qu'est-ce que je ne veux pas faire ou être ?

- Pourquoi ?

- Pourquoi ?

10 - Dans quels secteurs d'activités manuelles aimerai-je travailler ?

11 - Quel type de travail intellectuel aimerai-je effectuer ?

12 - Pour qui aimerai-je travailler ?

13 - Comment être utile aux autres, donner un sens à ma vie ?

J'ÉLABORE MON PROJET

FAIT

Mon avenir à long terme

Pour trouver mon projet, je me fixe de petits objectifs à atteindre :

1 - Je peux lire des documents, mais le mieux est encore pour moi de **rencontrer des personnes** qui me montrent ce qu'elles font ou me parlent de leur métier.

Exemple : Si j'aime dessiner des maisons, je trouve un moyen pour entrer en contact avec un architecte : il me fera connaître son travail.

2 - Plus je rencontre de personnes avec qui discuter, plus j'ai de chances de trouver la bonne voie. Je compte bien profiter de l'expérience des autres, chacun peut me donner des pistes.

3 - Qui aimerais-je interroger pour connaître ce qu'il fait ou ce qu'il est ?
- Que vais-je faire pour cela ?
- Quand ?

4 - Que dois-je effectuer pour exercer la profession qui m'intéresse ?
- Qui va me renseigner pour connaître les études (durée, diplôme) ?
- Quelles sont les qualités et les conditions requises pour suivre ces études ?

5 - En quoi ce que j'étudie à l'école actuellement peut-il m'aider ?

6 - Il existe aussi un **Centre d'Information et d'Orientation**, ainsi que des **Conseillers d'Orientation** avec qui je peux discuter. Je demande leurs adresses à mes professeurs et prends rendez-vous.

Je m'adapte à mon projet

1 - Mon projet m'appartient et il n'y a que moi pour le mettre en œuvre. Je suis mon propre chef pour le réaliser. Comme dans un jeu de rôle, **je suis le héros de ma propre histoire**.

FAIT

2 - Pour réussir mon projet, je l'inscris sur un papier ou un "post-it" et le garde sur mon bureau. J'imagine ma propre réussite. Je me vois dans la peau de celui que je souhaite devenir.

3 - Je réussirai à devenir ce que je souhaite en m'adaptant, au fur et à mesure, aux événements.

Je reste positif

1 - Pour ne pas me décourager, je ne pense pas chaque jour à tout le chemin qui me reste à parcourir pour atteindre mon but. **Je pense plutôt à tout ce que j'ai déjà réussi**.
J'avance simplement jour après jour.

2 - **La patience** est l'une de mes principales qualités, elle me permet de garder une stabilité dans mes efforts, elle me donne aussi confiance en moi-même.
Je sais que ce que j'apprends sert mon projet.

3 - Il m'arrive, lors de mauvaises notes, d'être découragé. Après avoir passé une bonne nuit, je reviens à des idées plus positives. La mauvaise note n'est que passagère, elle fait partie de mon apprentissage. Je suis comme un bébé qui tombe et pleure lorsqu'il apprend à marcher : jamais je ne reste à terre.
J'agis **toujours comme si j'allais réussir**, et ça marche.

4 - Quand cela devient trop dur, par exemple lors d'une série de mauvaises notes ou si j'ai des problèmes, j'en parle à quelqu'un : mes parents, un professeur ou un bon camarade. Cela me soulage, peut-être parce que l'on s'intéresse à moi.
J'arrive à remonter la pente grâce aux conseils reçus.

19 MOTIVATION

JE M'EPANOUIS AU COLLEGE

FAIT

Mieux que devant la télévision, le collège reste le meilleur endroit pour me former, tout simplement parce que c'est son rôle.

J'épanouis mon corps

1 - J'apprends au collège le fonctionnement de mon corps. Je découvre ce qui lui convient et pourquoi :
- au niveau alimentation, repos, sommeil, soin...
- pourquoi et comment éviter les habitudes néfastes.

2 - Je découvre les relations de mon corps avec la nature ainsi qu'avec son environnement et les conséquences que cela implique.

3 - L'éducation physique permet de me développer et de me fortifier physiquement. Elle renforce aussi mon caractère.

J'épanouis mon esprit

1 - En faisant travailler mon cerveau, j'apprends son fonctionnement. **Mon cerveau restera toujours mon meilleur outil.**

2 - **Je sais reconnaître mes émotions** :
- j'apprends à les contrôler vis-à-vis des autres,
- j'apprends aussi à les utiliser à travers les domaines artistiques, elles me procurent beaucoup de plaisir.

3 - J'apprends à mieux faire fonctionner **l'autre partie du cerveau, celle liée à la réflexion** :
- j'acquiers des méthodes de pensée, des méthodes de travail,
- je trouve de nouveaux horizons de réflexion,
- je développe mes capacités inexploitées.

4 - Mes enseignants m'apportent des connaissances mais m'indiquent surtout comment :
- distinguer et classer ces connaissances,

FAIT

- effectuer des liens entre elles,
- mémoriser les connaissances utiles et les retrouver facilement.

5 - Mes professeurs m'indiquent aussi pourquoi ne pas me contenter d'accumuler ces connaissances. Ils me montrent plutôt comment les utiliser.

6 - Je constate que **plus j'apprends, plus c'est facile d'apprendre**. De même, plus je réussis dans un domaine, plus c'est facile de continuer à réussir et plus j'éprouve du plaisir.

7 - **Je suis curieux et espère trouver des réponses** :
- j'apprends à me poser des questions et à dégager des problèmes,
- je cherche des réponses aux problèmes de tout homme : qu'est-ce que la vie ? Vers où se dirige l'humanité ? Quelle est ma place dans ce monde ?

Je deviens autonome et apprends à vivre avec les autres

1 - Je commence par apprendre à gérer un de mes biens les plus précieux : mon temps.

2 - J'apprends à communiquer par écrit et par oral.

3 - J'apprends à travailler avec d'autres, en classe et en groupe.

4 - Je prends conscience des problèmes de mon entourage et des problèmes du monde.

5 - Je prends conscience de mes droits et mes devoirs ; de mes responsabilités vis-à-vis de moi-même, vis-à-vis des autres et vis-à-vis des générations futures.

6 - Ce que j'apprends à l'école me servira toute ma vie.

7 - Mieux comprendre le monde qui m'entoure me permettra peut-être de le changer un peu, pour qu'il devienne meilleur.

20 MOTIVATION

MES CONTRATS POUR RÉUSSIR

FAIT

Pour m'aider à réussir mon projet, mes parents et moi-même, nous engageons sur les contrats suivants.

Je crois que je peux tenir mon contrat, je crois en moi. Je vais prouver que je vaux quelque chose. Dès aujourd'hui, je m'engage, envers moi-même et envers les autres, à mettre en œuvre tous les moyens pour réussir :

Relire ces contrats une fois par mois

Mes parents s'engagent à :

- Pourvoir à mes besoins matériels pour réussir.
- Créer un climat affectif favorable à mon épanouissement.
- Rester sereins : ne pas me transmettre leur angoisse.
- Rester positifs : valoriser mon travail (il y a toujours quelque chose de bien), m'encourager, me féliciter.

- M'aider dans mon travail, dans la mesure de leurs possibilités.
- Tester mon travail, dans les mêmes conditions que le feraient mes professeurs.
- M'interroger sur mes méthodes de travail, pour que nous puissions découvrir ensemble celles qui me conviennent le mieux.

- M'aider, si possible, dans le choix de mon orientation.
- M'apprendre à vivre en communauté.

- Sanctionner les engagements non tenus de ce contrat.

Date :   Signature des parents :

FAIT

Je m'engage, dans toutes les disciplines

Chez moi

- Je suis courageux.
- Je me méfie de la télé : elle peut voler mon temps, ma vie.
- Je fournis le travail demandé dans chaque matière.
- Je planifie mon travail pour le terminer en temps voulu.
- Ma mise au travail est rapide.
- Travail, cahiers et classeurs sont soignés et mis à jour.
- Les leçons sont apprises et vérifiées à chaque fois.
- Je prépare, chaque soir, tout mon matériel pour le lendemain.
- Je mets tout en œuvre pour progresser, je me fais aider.

En cours

- Ma mise au travail est rapide, mon attitude est active et soutenue.
- Ma prise de parole est ordonnée.
- Mon comportement est toujours respectueux des autres.

Après chaque contrôle

1 - Je suis fier de mes bons résultats. Mes enseignants et mes parents doivent m'en féliciter.

2 - J'analyse :
- le temps consacré aux révisions,
- ce que j'ai fait : points positifs et négatifs,
- mes méthodes de travail pour découvrir les plus efficaces.

3 - Je mets tout en œuvre pour m'améliorer :
- je tire des conclusions de chaque contrôle (voir objectif 14),
- si mes résultats sont insuffisants, je me lance un défi en me fixant un objectif réaliste à atteindre.

Date :   Ma signature :

OBJECTIF 4

JE SUIS ATTENTIF

Coche ci-dessous les avis que tu exprimes parfois. Puis, découvre dans les pages suivantes les conseils qui s'y rapportent.

- ☐ Je n'arrive pas à suivre en classe.
- ☐ Je pense aux problèmes que j'ai à la maison.
- ☐ Je suis dans l'ensemble assez agité.
- ☐ Sur mes relevés de notes, il est indiqué "inattentif".
- ☐ J'ai beau essayer, je n'arrive pas à écouter.
- ☐ Il y a des moments de la journée où je décroche.
- ☐ Il y a des cours qui ne m'intéressent pas.
- ☐ C'est plus fort que moi, j'ai toujours quelque chose dans les mains.
- ☐ On dit que je parle trop à mon voisin.
- ☐ Je m'ennuie en classe.
- ☐ J'ai plein d'idées qui me passent par la tête.
- ☐ On ne peut pas rester attentif tout le temps.
- ☐ Je ne sais pas à quoi cela sert d'être visuel ou auditif.
- ☐ Je suis mal placé pour voir au tableau.
- ☐ J'ai parfois envie de dormir.
- ☐ J'oublie ce que je viens de lire.
- ☐ J'ai tendance à rêver.
- ☐ J'ai besoin d'un certain temps pour me mettre au travail.
- ☐ Je me laisse distraire par la télévision.

JE SUIS ATTENTIF À LA MAISON

FAIT

L'attention n'est pas une simple affaire de volonté, les conditions qui lui sont favorables comptent beaucoup.

Je travaille dans le calme

1 - J'éloigne de moi tout ce qui peut me distraire : revues, jeux, etc.

2 - J'évite le bruit pour travailler (télé, frères et sœurs…).

3 - **J'évite en particulier, de travailler en écoutant de la musique**, surtout des chansons, elles sont trop prenantes (selon des chercheurs, je peux perdre dans un contrôle jusqu'à 8 points sur 20).

4 - Je ne me laisse pas distraire par des camarades qui viennent me chercher ou par le téléphone ; je serai disponible après mon travail.

5 - Je note sur une feuille ce qui me tracasse, j'y penserai plus tard.

6 - Lorsque j'ai terminé mon travail, je fais ce dont j'ai envie.

Je soigne ma forme

1 - Je passe au moins une visite médicale par an pour savoir si je n'ai pas de problèmes, en particulier visuels ou auditifs ou si je ne suis pas en manque de fer (oligoélément de l'énergie).

2 - Mon **petit déjeuner est copieux**, j'évite le coup de pompe de 11 h.

3 - **J'ai suffisamment d'heures de sommeil** pour ne pas m'assoupir. La télévision ne grignote pas mes nuits.

4 - Je sais me détendre régulièrement, je pratique des pauses dans la journée, toutes les 45 minutes lorsque j'apprends.

5 - J'évite, si possible, de travailler lorsque je suis fatigué.

22 ATTENTION

JE SAIS ME DÉTENDRE À LA MAISON

FAIT

Je soigne ma forme pour travailler efficacement : **j'évite de me fatiguer inutilement**.

Je sais quand me détendre ou me relaxer

Je me détends ou je me relaxe :
- quand j'ai terminé mon travail,
- quand je n'arrive plus à rester attentif,
- quand je suis fatigué,
- quand je veux éviter d'être fatigué,
- quand je suis énervé, à cause de disputes par exemple,
- quand je suis anxieux, par exemple à cause d'un devoir.

Je sais me détendre

1 - J'aime bien prendre le temps de rêver, sans rien ni personne pour me bousculer.

2 - Je peux me détendre de la manière suivante :
- j'écoute de la musique,
- je regarde une émission de télé préalablement enregistrée (j'accélère lorsqu'elle me fait perdre mon temps),
- je vais goûter,
- je lis,
- je sors m'aérer, oxygéner mon cerveau.

3 - **Si je suis vraiment fatigué, j'arrête de travailler** et me repose. Je m'interroge aussi sur ma santé, mon alimentation et mes heures de sommeil.

JE PRATIQUE LA RELAXATION

FAIT

En période d'énervement ou de stress, il n'y a rien de tel que de pratiquer la relaxation.

1 - Je me relaxe :
- pour me détendre lorsque je suis énervé,
- ou pour redevenir attentif lorsque je suis fatigué,
- ou mieux encore, avant de ressentir la fatigue.

2 - Je pratique la relaxation **chez moi ou même en cours**, pendant un temps très court.

3 - Bien assis sur ma chaise :
- le corps bien droit,
- les pieds bien à plat,
- les mains posées sur ma table,
- je fixe des yeux un point devant moi.

4 - 1er temps :
j'expire lentement :
- d'abord en vidant les poumons,
- puis en rentrant le ventre.

5 - 2ème temps :
mouvement inverse, **j'inspire** lentement et profondément :
- en gonflant d'abord le ventre,
- ensuite en gonflant les poumons.

6 - Je recommence plusieurs fois cette série d'expirations et d'inspirations.

JE SUIS ATTENTIF EN CLASSE

FAIT

Rester constamment attentif en cours n'est pas possible.

Je sais distinguer les moments où il faut rester attentif (lorsque j'ai besoin de retenir quelque chose) et les moments où je peux relâcher mon attention.

Je laisse mes soucis à la porte de la classe

1 - Je laisse à la porte de la classe tout ce qui me tracasse : mes problèmes avec ma famille ou mes amis, etc. Je fais un geste symbolique pour les déposer à l'entrée de la salle. Inutile d'y penser, je ne pourrai pas les résoudre en classe.

2 - En cours, pour m'éviter de penser à autre chose qu'au travail, je le note dans un coin de mon brouillon, j'y reviendrai à la maison.

3 - Si vraiment ces problèmes me tracassent trop, **j'en parle** plus tard à un camarade ou à un adulte en qui j'ai confiance ; ils peuvent m'aider plus que je ne le crois. En parler me soulage beaucoup et permet de trouver généralement une solution que j'ignorais.

J'évite tout ce qui peut me distraire

1 - Évidemment, j'évite de me placer à côté de ceux qui parlent.

2 - Je me place plutôt à l'avant de la classe, sans être près de la fenêtre.

3 - Je n'ai rien d'inutile sur ma table.

4 - **Mon matériel est toujours prêt, en particulier mon brouillon**.

5 - Si je ne vois pas bien ou si je n'entends pas bien, je demande à changer de place.

6 - J'évite de me disperser, de m'agiter.

JE PRÉPARE LES CONTRÔLES EN CLASSE

ATTENTION 25

FAIT

Avec un peu d'attention, je peux préparer en classe une très grande partie du travail que je devrai effectuer à la maison.

Je fais attention à tout ce qui est important

1 - En début de cours :
- je sais sur quoi va porter la leçon,
- quels seront les points importants à retenir.

2 - Je reste attentif :
- lorsque je risque d'être interrogé sur ce qui se fait,
- lorsque je peux avoir à utiliser plus tard ce qui m'est expliqué,
- lorsqu'on fait des exercices ou lorsqu'ils sont corrigés,
- à la fin du cours : souvent est effectuée un résumé de la leçon.

3 - Je sais que les bons élèves on un "truc" à propos du **tableau** :
- ils comprennent et essaient de retenir ce qui y figure, car c'est le plus important de la leçon,
- ils réfléchissent aux consignes qui y sont écrites : ils les traduisent avec leurs propres mots.

Je suis actif

1 - En classe, je suis acteur et non pas spectateur.

2 - Je peux répondre aux questions :
- je n'attends pas que le professeur les pose pour commencer à réfléchir,
- j'essaie de transformer ce qui est dit en images,
- je cherche le rapport avec ce que je connais déjà.

3 - Les exercices sont toujours les bienvenus, ils permettent :
- de savoir si j'ai bien compris, de faire le point,
- de m'entraîner.

FAIT

4 - Lorsque le professeur va trop vite, je ne manque pas de le lui dire.

5 - Si je n'ai pas compris, je pose des questions, je n'attends pas d'être complètement perdu.

Je mémorise ce qui est le plus important

À la fin d'un cours, j'ai pris l'habitude de répondre rapidement dans ma tête aux deux questions :
• de quoi a-t-il été question ?
• Qu'est-ce que j'en ai retenu ?

EN CLASSE, JE REGARDE ET J'ÉCOUTE

FAIT

Ceux qui savent regarder et écouter en classe sont avantagés. Sans se fatiguer et même sans s'en rendre compte, ils commencent à apprendre.

Je sais que je suis plutôt **visuel ou** plutôt **auditif** (voir test fiche 46). **Je me sers de mes aptitudes en classe**.

Les visuels

1 - Ils regardent attentivement ce qui figure au tableau ou sur le livre, ils retiennent facilement en regardant.

2 - Les visuels ferment aussi les yeux de temps en temps et :
- revoient dans leur tête ce qui figure au tableau ou sur le livre,
- ils s'imaginent en train de réécrire les points importants.

Les auditifs

1 - Ils écoutent attentivement les informations orales données par le professeur ou les camarades, ils retiennent en écoutant.

2 - Ils s'imaginent aussi en train de réexpliquer à quelqu'un ce qui est dit, avec leurs propres mots.

Pour tous

Que je sois visuel ou auditif, **je regarde et j'écoute** bien en même temps, pour multiplier mes possibilités de retenir la leçon.

27 ATTENTION

JE SAIS QUAND RELÂCHER MON ATTENTION EN CLASSE

FAIT

Le professeur souhaite qu'on l'écoute constamment, mais personne ne peut être attentif à longueur de journée.

J'essaie alors de mettre en œuvre mon intelligence : je m'arrange pour **ne rien perdre d'essentiel**, même si je suis fatigué.

☐ 1 - Je peux relâcher mon attention lorsque le professeur :
- développe son idée sous une autre forme,
- reprend son explication pour quelqu'un qui n'a pas compris,
- donne un exemple proche d'un autre, etc.

☐ 2 - Certains professeurs nous indiquent aussi ce qui dans la leçon est essentiel. J'évite ainsi de m'attarder sur les détails.

☐ 3 - Je sais redevenir attentif à la fin du cours :
- souvent des informations importantes sont annoncées,
- ou alors un résumé utile pour apprendre la leçon est effectué.

☐ 4 - Une fois sorti de l'école, je prends le temps de me détendre avant de me remettre au travail.

JE PROFITE DES COURS

Coche ci-dessous les avis que tu exprimes parfois. Puis, découvre dans les pages suivantes les conseils qui s'y rapportent.

- Je m'ennuie en classe. ☐
- Je n'ose pas prendre la parole. ☐
- Je comprends, je n'ai donc pas besoin de répondre. ☐
- Je n'ai pas envie de me faire remarquer par les autres. ☐
- De toutes façons, j'aurai toujours la réponse. ☐
- Ce n'est pas à nous de faire le cours. ☐
- Je m'ennuie pendant les heures de permanence. ☐
- Le cours c'est du temps perdu, je peux apprendre sur le livre. ☐
- Si je ne comprends pas du premier coup, c'est fichu. ☐
- Je préfère chercher dans le livre plutôt que demander au professeur. ☐
- Je copie souvent sans comprendre. ☐
- Je demande des explications chez moi. ☐
- J'ai peur d'être contredit par le professeur ou mes camarades. ☐
- Les études dirigées sont du temps perdu. ☐
- Les cours ne sont pas clairs pour les apprendre. ☐
- Je préfère travailler chez moi qu'en classe. ☐
- Je n'ai pas le temps de tout noter. ☐

28 COURS

JE SUIS EFFICACE EN CLASSE

FAIT

J'ai de bonnes habitudes pour être efficace

1 - Je rentre en classe dans le **calme**.

2 - Je sors rapidement mes affaires, y compris le brouillon.

3 - Je manipule mon matériel sans bruit. J'évite de perturber mes voisins (règle qui tombe...).

4 - Je suis toujours **prêt à noter**, stylo en main et papier sous les yeux.

5 - Je ne manipule pas mes affaires sans raison.

6 - Je regarde et écoute uniquement ce qui concerne le cours.

7 - Si cela est nécessaire, je demande des précisions à mes voisins, à voix basse.

Quand je ne comprends pas, j'ai toujours une solution

1 - Dans le doute, je n'hésite pas à demander des compléments d'explication au professeur. **J'évite d'accumuler les difficultés**. Je n'attends pas qu'il soit trop tard.

2 - Si je n'ai pas compris à la deuxième explication du professeur, je n'insiste pas, je comprendrai plus tard :
- je regarderai le livre de cours ; des exercices ou des illustrations pourront m'aider,
- je consulterai le dictionnaire,
- je demanderai des explications en études dirigées, à un camarade ou à un membre de ma famille. Ils reprendront l'explication sous une autre forme et se mettront peut-être mieux à ma portée.

JE PRÉSENTE CLAIREMENT MES COURS

COURS 29

FAIT

Mes cahiers ou feuilles de classeurs, exigés par mes professeurs, sont **clairement présentés. Ils sont plus faciles à apprendre lorsque je vois le plan et les mots-clés du premier coup d'œil.**

Je facilite la lecture de mon travail

1 - J'utilise une encre de couleur foncée et des feuilles blanches.

2 - Mon écriture reste lisible et même soignée.

3 - Je garde une marge pour ajouter des compléments d'information.

Je structure les informations

1 - Je commence une leçon en haut d'une page, je peux la dater.

2 - Les titres et sous-titres sont :
- séparés des développements par des lignes vides,
- bien mis en évidence en les décalant vers la gauche,
- soulignés en rouge.

3 - Je construis des paragraphes, avec un retrait de deux carreaux, pour séparer les groupes d'idées différentes.

4 - Les mots-clés sont surlignés ou soulignés en rouge.

5 - Les dessins ou schémas sont soignés, clairs et colorés.

6 - Je numérote chaque page en haut et à droite.

7 - Je colle, au fur et à mesure, les documents distribués.

8 - Je n'oublie pas de rattraper le travail en retard.

30 COURS

LE BROUILLON, MON MEILLEUR OUTIL

FAIT

Le brouillon est l'arme des gens les plus doués. Le créateur travaille et essaie toujours différentes versions avant de réussir.

Le brouillon, mon outil pour trouver

1 - Pour réussir, mon meilleur outil reste le brouillon. Grâce à lui mes réponses sont souvent plus riches que celles des autres.

2 - Je peux y placer tout ce que je veux. Mon brouillon m'appartient, personne ne doit juger ce qu'il contient.

3 - Je ne peux pas réussir parfaitement du premier coup ; je n'hésite pas, au brouillon, à raturer, flécher, ajouter, dessiner.

Le brouillon me sert à tout

1 - J'utilise le brouillon constamment, pour :
- chercher en vrac des idées pour une dissertation,
- les classer dans un plan,
- construire et reconstruire des phrases correctes,
- compléter mes réponses par d'autres idées qui m'arrivent,
- essayer différentes solutions de problèmes,
- m'entraîner pour un schéma,
- noter les démarches pour effectuer les exercices, je les retrouverai pour faire mes devoirs,
- noter des idées personnelles, le soir je peux les retrouver.

2 - **Mon brouillon est toujours sorti**, **prêt à servir** (le sortir devant les autres ne me gêne pas).

FAIT

Je m'y retrouve dans mon brouillon

1 - Pour être efficace, j'ai pris l'habitude de bien structurer mon brouillon.

2 - **Je peux toujours me relire**, pour cela :
- j'écris correctement pour ne pas me tromper, les chiffres en particulier,
- mes ratures sont nettes.

3 - Je n'hésite pas à **aérer mon brouillon** :
- j'effectue mes calculs en colonnes bien alignées,
- pour retravailler des phrases, **j'écris une ligne sur deux**, je barre ce qui est faux et j'écris sur l'autre ligne.

4 - Je ne mélange ni les matières, ni les questions :
- je sépare chaque matière,
- j'écris le nom de la matière, ainsi que la date,
- je note et numérote chaque question sur le brouillon avant de chercher, ainsi je ne risque pas de me tromper,
- mes réponses ne se mélangent pas,
- lorsqu'elles sont recopiées, je barre mes réponses sur mon brouillon.

Mon brouillon est un véritable cahier

1 - Retrouver un travail précédent doit être possible :
- j'évite les feuilles volantes et les blocs-notes,
- j'utilise un vrai cahier, avec des feuilles reliées.

2 - Je garde tous mes brouillons, ils peuvent me servir en cours d'année.

31 COURS

JE PARTICIPE À L'ORAL

FAIT

Je profite au maximum des cours : je participe.

Participer me procure de nombreux avantages

En prenant la parole, je peux :
- ouvrir toute mon attention, je rêve moins,
- vérifier, par mes réponses, que j'ai bien compris. Si ce n'est pas le cas, je demande des explications,
- **retenir plus facilement** la leçon (lorsque je m'implique ma mémoire retient mieux, elle garde ce qui m'est personnel),
- **m'habituer à m'exprimer** par oral, parler en public, prendre confiance en moi : c'est indispensable pour mon avenir,
- en retirer du plaisir et du pouvoir : face aux autres, j'existe, je ne suis pas une potiche, je me fais remarquer positivement,
- montrer au professeur que je m'intéresse à son cours.

Je suis volontaire

Un des secrets pour réussir est d'être volontaire pour :
- poser des questions,
- y répondre (expliquer, argumenter, raconter, ...),
- aller au tableau,
- donner des exemples, des idées,
- présenter un exposé, apporter des documents.

Prendre la parole devient de plus en plus facile

1 - **Quand on est timide, prendre la parole n'est pas facile. Il faut du temps pour y arriver. Cela se fait progressivement** :
- je choisis au début une matière que j'aime bien,
- je me fixe une intervention orale dans la séance,

FAIT

• ensuite, je me lance dans d'autres cours de temps en temps,
• enfin, j'interviens partout où j'en ai envie.

2 - Je dis simplement ce que j'ai à dire. Au début, je ne me soucie pas de la manière de le dire.

3 - Si je me trompe dans ce que je dis, ce n'est pas un problème. Je préfère m'entraîner et **m'améliorer plutôt que de rester muet**.

4 - Je laisse les autres éventuellement ricaner, ceux qui ricanent n'ont souvent rien à dire. Je participe pour m'épanouir.

5 - Je lève le doigt, je ne coupe pas la parole à quelqu'un.

Plus tard, je me perfectionne : je me fais comprendre

1 - J'attends qu'il y ait le silence pour parler.

2 - Je parle lentement, sans me précipiter et j'articule.

3 - Je parle suffisamment fort pour que l'on me comprenne.

4 - Je reste toujours très **clair**, **précis** : ceux qui m'écoutent ne doivent pas avoir à me poser de questions pour comprendre.

5 - J'utilise un exemple pour développer mon idée, j'argumente.

6 - Je reste dans le sujet.

7 - Je ne me contredis pas.

8 - Je tiens compte de ce qui vient d'être dit. Je suis toujours attentif aux autres, ils m'apportent souvent beaucoup.

32 COURS

JE TRAVAILLE EN GROUPE

FAIT

Le travail en groupe peut être utile s'il est bien préparé ; en aucun cas il ne s'improvise.

L'intérêt

Le travail en groupe se révèle profitable pour de nombreuses raisons :

- Pour **sortir d'un blocage et retrouver le moral**.
- En se regroupant, l'on **produit proportionnellement davantage**.
- Il **facilite la compréhension**. Le fait d'expliquer quelque chose à quelqu'un d'autre oblige à **clarifier sa pensée**.
- Il permet une **meilleure mémorisation**.
- C'est un bon **entraînement à la communication écrite** ou **orale**.

Les conditions d'efficacité

Pour travailler à plusieurs il faut respecter quelques points essentiels.

- Le **choix des partenaires** (2 maximum) doit s'effectuer en fonction de la **bonne entente**. Essayez aussi de trouver un coéquipier qui **vous apporte quelque chose**. Chacun doit s'enrichir à travers cet échange.
- **Ne décidez d'une réunion que si elle est réellement nécessaire,** dans le cas contraire, vos rencontres dégénèreront en bavardage futile.
- **Préparez** cette séquence chacun de votre côté, par exemple en commençant déjà les exercices, en rédigeant des parties de l'exposé... Vous devez savoir, en arrivant, où se trouvent les difficultés à résoudre.
- **Soyez actif**. Pendant cette séance, chacun doit pouvoir s'exprimer.
- Respectez **un plan de travail et un horaire précis** ; sinon vous vous dispersez et êtes obligé de fixer une autre réunion...
- **Gardez** pour vous le travail **d'expression écrite** ; la rédaction des devoirs ne peut pas se concevoir autrement.

J'UTILISE MES HEURES DE PERMANENCE

FAIT

1 - Je ne perds pas mon temps en permanence. Il y a toujours une activité possible, **plus je travaille en permanence, moins il me reste de travail à la maison**.

2 - Je peux relire et clarifier mes cours.

3 - Je peux demander des explications à un camarade.

4 - Je peux refaire des exercices ou des travaux précédents.

5 - Je peux commencer mes devoirs ou apprendre mes leçons.

6 - Je peux chercher des idées pour une dissertation.

7 - Je peux lire.

8 - Éventuellement, je peux demander à me rendre au CDI pour y effectuer des recherches.

34 COURS

J'APPRENDS À APPRENDRE PENDANT LES ÉTUDES DIRIGÉES

FAIT

Je dois apprendre à apprendre

1 - **Apprendre à travailler est ce qui est le plus important** :
- je vais me servir des méthodes de travail pendant toutes mes études : j'apprends dès maintenant mon métier d'étudiant,
- les professions évoluent continuellement, je devrai donc apprendre toute ma vie. Je me servirai aussi des méthodes lorsque j'aurai une profession,
- en études dirigées, j'apprends en fait à bien utiliser, à bien faire fonctionner mon principal outil : mon cerveau.

2 - Ce que j'apprends en études dirigées me servira toute ma vie.

3 - Je souhaite savoir apprendre, être rapide et efficace dans ce domaine : je veux apprendre à apprendre.

4 - **Mes études doivent me permettre de savoir apprendre, plutôt que de retenir des connaissances**.

Mes sources pour apprendre à apprendre

1 - J'observe ma manière de travailler pour dégager ce qui me donne les meilleurs résultats avec le moins d'effort.

2 - Si malgré mes efforts, mes résultats ne sont pas satisfaisants, je change ma manière de travailler.

3 - J'écoute très attentivement et je note bien tous les conseils donnés.

4 - Je demande conseil aux professeurs pour améliorer mes méthodes de travail, dans tous les domaines. Ces professionnels de l'apprentissage sont là pour m'aider à m'épanouir.

FAIT

5 - **Surtout, j'applique aussitôt ces conseils en cours ou à la maison**, dans toutes les matières, afin de développer des habitudes plus efficaces.

6 - Je deviens de plus en plus efficace :
- plus j'applique les conseils donnés, moins je travaille dur,
- j'apprends plus vite,
- mes notes sont meilleures,
- j'ai de plus en plus de plaisir à réussir.

7 - Je fais le point chaque mois sur mes méthodes de travail pour progresser (voir objectif 14).

8 - Les études dirigées me permettent aussi :
- de prendre le temps nécessaire pour comprendre et poser des questions sur ce que je n'ai pas compris en cours,
- de dialoguer plus facilement avec les professeurs,
- de travailler en petit groupe.

Les études dirigées sont pour moi une chance à saisir.

OBJECTIF 6

JE RETIENS MES LEÇONS

Coche ci-dessous les avis que tu exprimes parfois. Puis, découvre dans les pages suivantes les conseils qui s'y rapportent.

- ☐ Je n'arrive pas à me mettre au travail le soir.
- ☐ Je n'arrive pas à fixer mon attention.
- ☐ Je perds mes moyens pendant les contrôles.
- ☐ J'ai appris, mais je n'ai pas eu une bonne note.
- ☐ J'angoisse lorsque je sais qu'il y aura un contrôle.
- ☐ Quand ça m'intéresse, j'ai de bonnes notes.
- ☐ J'ai beau apprendre, je ne retiens rien.
- ☐ Je ne sais pas à quoi sert d'être visuel ou auditif.
- ☐ Mon petit frère m'empêche d'apprendre.
- ☐ Je n'arrive pas à tout faire.
- ☐ Je ne retrouve pas ce que j'ai appris.
- ☐ Je n'arrive pas à savoir ce qui est à apprendre.
- ☐ On a trop à apprendre.
- ☐ J'apprends tout par cœur : c'est plus simple mais c'est trop de travail.
- ☐ J'ai besoin d'être aidé pour mes leçons.
- ☐ Je passe beaucoup de temps à apprendre, je n'arrive pas à tout finir.
- ☐ Je mélange tout.
- ☐ C'est dur d'apprendre après une journée de travail.

J'APPRENDS AVEC UN OBJECTIF

FAIT

Je développe ma mémoire

J'apprends pour mieux apprendre : la mémoire se développe petit à petit en s'entraînant : je suis patient, je sais que j'arriverai à apprendre plus facilement.

Je sais ce qu'il faut apprendre

1 - Chaque professeur a précisé ce qu'il attend à l'interrogation, sinon je le demande. **J'apprends différemment** selon chacun :
- parfois je dois apprendre mot à mot,
- parfois uniquement les idées importantes,
- ou encore je dois expliquer des idées,
- définir du vocabulaire,
- ou effectuer des applications, des exercices.

2 - Je sais où apprendre : sur mon livre, sur mon cours ou sur les deux.

Je vise une bonne note

1 - Mon objectif immédiat est d'obtenir une bonne note : je devrai reproduire ce que j'apprends.

2 - Avant chaque leçon nouvelle à apprendre, je me répète bien que je serai interrogé sur ce que j'apprends, en tout cas je risque de l'être !

3 - Je me mets alors à la place du professeur. **Quelles sont les questions qu'il posera** ? J'ouvre de cette manière toutes grandes les portes de mon attention pour **apprendre les réponses**.

36 LEÇONS

EN CLASSE, JE FACILITE L'APPRENTISSAGE DES LEÇONS

FAIT

J'apprends déjà en classe

1 - Comme je veux travailler le moins possible chez moi, je fais comme ceux qui réussissent : **je profite au maximum des cours**.
Pour cela :
- je regarde bien au tableau. En regardant, ma mémoire enregistre déjà, sans que je m'en aperçoive,
- j'écoute le professeur ainsi que les interventions des autres. Mon oreille dirige aussi ces informations vers ma mémoire.

2 - J'effectue les exercices en me disant qu'ils me serviront dans un devoir ou un contrôle.

3 - **J'interviens souvent, il n'y a rien de tel pour retenir**.

4 - Lorsque je n'ai pas compris, je pose des questions. Le métier de professeur est d'expliquer et de faciliter ma mémorisation.

5 - **Avant de sortir du cours je révise une première fois. Je fais défiler très rapidement dans ma tête le plan et les idées importantes**. Je mets en mémoire l'essentiel. Cela restera en tête jusqu'au soir. Je facilite ainsi beaucoup l'apprentissage chez moi.

La présentation de mes cours m'aide à apprendre

1 - Je présente très clairement mes cours. **Lorsque je vois du premier coup d'œil les grandes parties et sous-parties, c'est beaucoup plus facile à apprendre**.

2 - J'écris sur un seul côté des feuilles, comme cela, en les juxtaposant, je n'ai pas à les retourner pour apprendre. L'image que j'ai en tête est plus nette et donc beaucoup plus facile à retenir.

J'APPRENDS EN PLUSIEURS FOIS

FAIT

Le temps et la répétition jouent un rôle important dans la mémorisation. J'applique ces conseils pour les leçons difficiles à retenir.

Je revois plusieurs fois la leçon

1 - Premier rappel **à la fin du cours** : je revois, dans ma tête, le plan et les mots-clés.

2 - Deuxième rappel **le soir même** : je relis une fois la leçon.

3 - Troisième rappel **huit jours après** au maximum : j'apprends véritablement la leçon (voir fiche 44).

4 - Les rappels suivants auront lieu à l'occasion de **chaque devoir ou interrogation**.

Je revois certains cours le soir même

1 - **Lorsque j'ai une leçon difficile à apprendre, je la relis une seule fois, le soir du jour où elle a été effectuée** :
- si possible avant de m'endormir,
- je me contente de souligner le plan et les mots-clés,
- je repère bien visuellement ce plan.

2 - J'apprends ensuite beaucoup plus facilement cette leçon :
- souvent la veille de l'interrogation,
- ou, éventuellement, en plusieurs fois.

38 LEÇONS

JE SAIS QUAND APPRENDRE

FAIT

Je planifie mon travail

- [ ] 1 - Si j'ai trop de leçons ou si mes leçons sont trop longues, **je ne m'affole pas**. Sur ma grille de répartition (voir fiche 13), **je planifie mon travail** sur plusieurs jours. Je le divise, c'est plus facile.

- [ ] 2 - Si je ne dispose que de la journée, pour moins fatiguer, je répartis quand même mon travail sur plusieurs séances de 45 minutes maximum. Entre chaque séance, je passe à autre chose.

Je choisis les bons moments pour apprendre

- [ ] 1 - **Je choisis de préférence les périodes de fin de journée pour apprendre mes leçons** (voir fiche 15), la mémorisation est meilleure.

- [ ] 2 - Je peux revoir mes leçons difficiles, une dernière fois, avant de m'endormir, le sommeil favorise la mise en mémoire.

- [ ] 3 - Je n'oublie pas non plus que, selon ma nature, je suis plus en forme le soir que le matin ou inversement. J'en tiens compte aussi.

- [ ] 4 - Pour ne pas me fatiguer inutilement et perdre mon temps, j'évite :
  - de travailler après le déjeuner (mon organisme dépense son énergie à digérer),
  - les moments de fatigue et de mauvaise forme.

- [ ] 5 - J'évite les travaux de réflexion ou les problèmes après avoir appris, pour ne pas embrouiller ma mémoire.

- [ ] 6 - Je profite des périodes de grande forme pour avancer mes leçons.

JE ME METS FACILEMENT AU TRAVAIL

FAIT

Le plus difficile dans un travail, est souvent de le commencer. Lorsque l'action est lancée elle s'achève ensuite dans la foulée.

Lorsque je n'ai pas envie d'apprendre

1 - Je me place dans des conditions favorables (voir fiches 4 et 21).

2 - Pour avoir moins de mal à me mettre au travail, je travaille de préférence aux mêmes heures de la journée, par exemple après le goûter ; cela devient un automatisme.

3 - **Plus j'attends, plus le démarrage est pénible** : je m'installe donc immédiatement derrière mon bureau, crayon en main, je commence à lire ce que j'ai à effectuer.

4 - Je me ferme à tous les prétextes pour ne pas travailler (reporter au lendemain, faire autre chose de plus urgent, avoir peur du résultat, imaginer les difficultés...).

5 - Si le démarrage est difficile, je me donne une récompense symbolique après cette tâche (un peu de télé, écouter de la musique, une friandise). Lorsque je suis tenté d'arrêter, je pense à cette récompense.

6 - **Je mesure et limite mon temps de travail** : pour m'encourager, je décide d'arrêter de travailler dans 45 minutes.

7 - Je commence par ce que j'aime ou par une action modeste, simple mais précise, réalisable en un temps court et déterminé.

8 - Je passe ensuite à ce qui est plus difficile, toujours avec une contrainte de temps.

FAIT

9 - J'avance progressivement, en me donnant à chaque fois une étape supplémentaire à franchir. Il arrive un moment où je suis obligé de continuer parce que j'approche de la fin : je veux terminer.

10 - Surtout, je pense à la bonne note que je vais obtenir. **Dans ma tête, je dois voir cette bonne note sur ma copie**, avec les félicitations du professeur et les regards envieux des autres.

11 - Je n'abandonne pas en cours de route (je réserve éventuellement ce qui me paraît vraiment insurmontable pour des périodes plus favorables).

J'APPRENDS MONTRE EN MAIN

LEÇONS 40

FAIT

Je n'apprends pas trop longtemps

1 - **Moins je passe de temps, plus j'apprends**. En me fixant des limites, j'évite de traîner sur mes leçons. Je me dis par exemple "J'ai 20 minutes pour apprendre ce chapitre", cela est surprenant mais j'y arrive.

2 - Je travaille montre en main.

3 - Au bout de 45 minutes de travail, je m'arrête pour faire une pause d'environ 10 minutes (pas plus si je dois me remettre au travail, sinon j'ai trop de difficulté à reprendre).

4 - Je reprends ensuite le travail, de préférence avec une autre matière, ou j'alterne les difficultés.

5 - J'arrête si je suis vraiment fatigué. J'évite de perdre mon temps inutilement et de peiner davantage. Je préfère récupérer en me distrayant.

6 - Lorsque j'ai bien appris :
- je m'accorde une récompense,
- je fais ce que je souhaitais faire avant d'apprendre.

Je passe plus de temps sur ce que je n'aime pas

J'apprends facilement ce que j'aime. En conséquence :
- j'évite de passer trop de temps sur ce que j'aime,
- je consacre plus de temps pour apprendre ce que je n'aime pas.

41 LEÇONS

JE COMPRENDS CE QUE J'APPRENDS

FAIT

Pour retenir longtemps, je comprends avant d'apprendre

1 - Je me demande à quoi sert ma leçon.

2 - J'essaie le plus possible de **traduire le cours avec mes propres mots**, cela montre que je l'ai compris.

3 - J'organise en schémas ce que j'apprends.

4 - Je trouve des exemples, j'effectue des exercices.

5 - Surtout, **je n'accumule pas les leçons non comprises**, sinon je cours à la catastrophe.

Je trouve toujours une solution pour comprendre

Après avoir lu attentivement mon cours :

1 - Je recherche des explications dans mon livre ou dans mon dictionnaire.

2 - Je me sers éventuellement des leçons précédentes.

3 - Je visualise par un schéma ou dans un tableau les informations. Cela me permet de bien les comprendre et de mieux les retenir.

4 - Je pose des questions au professeur, à mes parents ou à mes camarades, en demandant de bien décomposer la démarche à l'aide de mots de liaison.

5 - Enfin, **j'essaie d'expliquer** ma leçon à quelqu'un. Je vois tout de suite où je bloque. Expliquer me permet aussi de mieux retenir.

J'ASSOCIE POUR RETENIR

FAIT

Comprendre veut dire effectuer des rapprochements avec ce que je connais déjà. Ainsi ma mémoire peut ranger facilement les nouveaux éléments près des anciens qui sont déjà bien ancrés. Elle pourra ensuite les retrouver.

J'associe au passé

1 - J'associe la nouvelle leçon aux précédentes, pourquoi se suivent-elles, qu'est-ce qui les rapproche, qu'est-ce qui les différencie ?

2 - J'associe à ce que je connais de l'actualité.

3 - Si je le peux, j'associe à des souvenirs ou à ce que j'aime.

Je crée des liens entre les informations

1 - J'essaie de construire des liens entre les titres et sous-titres.

2 - J'associe un nom géographique à un lieu sur la carte.

3 - J'associe une date à un événement et surtout à une frise chronologique.

4 - J'associe une idée à un auteur.

5 - J'associe une idée à une autre identique ou à son contraire.

6 - Surtout, dès que je le peux, **je schématise mon cours sous forme d'arbre d'idées** (voir fiche 57) ou sous forme de tableaux. Ceci est très efficace.

43 LEÇONS

J'UTILISE CE QUE JE DOIS RETENIR

FAIT

La mémoire retient ce qui revient souvent. Je m'intéresse à ce que j'apprends : j'essaie de l'appliquer, de l'**utiliser plusieurs fois**.

1 - J'utilise à l'oral ce que j'apprends : je participe.

2 - J'effectue des exercices.

3 - Je trouve d'autres exemples.

4 - J'imagine expliquer ou j'explique à quelqu'un.

5 - Je lis des textes en langue étrangère avec le nouveau vocabulaire.

6 - Je regarde sur une carte où se situent les villes, les fleuves... dont on parle.

7 - J'essaie de vivre dans ma tête ce que j'apprends.

Exemples :

- *en anglais, j'imagine que je donne un ordre à quelqu'un "Come here",*
- *en histoire, j'imagine vivre au temps de la préhistoire, j'essaie de me mettre à la place des hommes des cavernes, etc.*

8 - J'imagine que je suis interrogé sur ce que j'apprends :

- je prévois les questions,
- je me récite la leçon.

JE RÉSUME POUR RETENIR

FAIT

Avant d'apprendre

1 - Je note au brouillon toutes les idées qui me restent sur la leçon. Ce **rappel est fondamental pour bien retenir ensuite**.

2 - Je compare avec mes feuilles de cours ou mon livre pour voir ce qui me manque, j'apprends ensuite.

Je résume et apprends directement sur mon cours

Cette démarche est un des meilleurs "trucs" qui existent pour apprendre moins, en ayant quand même une bonne note.

1 - Tout ce que j'apprends est très ordonné sur ma feuille, très visuel.

2 - Je hiérarchise les informations en soulignant ou surlignant :
- d'abord, le plan de la leçon (titres et sous-titres),
- puis, à l'intérieur de chaque partie et sous-partie, les mots-clés (voir fiche 54).

3 - En dégageant le plan et les mots-clés de mon cours :
- je crée des liens logiques très faciles à retenir,
- je résume mon cours, ce qui fait moins à apprendre.

4 - J'évite surtout d'apprendre par cœur, si ce n'est pas demandé.

5 - J'apprends **dans l'ordre le plan**, pour le retrouver dans cet ordre.

6 - Lorsque j'ai retenu ce plan, j'apprends alors, **dans l'ordre**, à l'intérieur de chaque partie, **les mots-clés**.

J'APPRENDS PAR PALIERS

FAIT

Ma mémoire a des **limites**. Elle ne peut faire entrer que **5 à 7 informations à la fois**. Cela veut dire qu'au moment d'apprendre je limite par exemple le nombre de dates ou de mots-clés à 6 ou 7. Si je dépasse ce nombre il me faudra effectuer beaucoup trop d'efforts.

Pour mémoriser une liste

1 - Je découpe ma liste en blocs de 5 à 7 éléments.

Exemple : Pour retenir la liste des présidents de la Troisième République, je les regroupe en deux blocs :

- *premier bloc : Thiers, MacMahon, Jules Grévy, Sadi Carnot, Casimir Périer,*
- *deuxième bloc : Félix Faure, Emile Loubet, Armand Fallières, Raymond Poincaré.*

2 - Je mémorise le premier bloc. Lorsque le premier bloc est étudié, j'apprends le suivant.

3 - Je vérifie l'assimilation des deux blocs ensemble. Je procède ainsi jusqu'à la fin de la leçon.

Pour mémoriser un chapitre

1 - J'apprends les titres, voire uniquement, les mots-clés de ces titres.

2 - Je mémorise le premier titre et les mots-clés des paragraphes rattachés à ce titre, pour former un premier bloc.

3 - S'il reste d'autres mots-clés, je les regroupe dans un second bloc, rattaché au premier. Je continue ainsi jusqu'à la fin du chapitre.

TEST : VISUEL, AUDITIF

FAIT

Je reçois des informations par mes différents sens. J'utilise principalement la vue mais aussi l'ouïe. Pour savoir si je suis visuel ou auditif, j'effectue le test suivant.
En fonction de ce qui est le plus fréquent pour moi, je note "a" ou "b" dans la colonne.

1 - Pour apprendre une leçon d'histoire :
a) je la répète à voix haute ou à voix basse,
b) je l'écris au brouillon.

2 - Pour retrouver une règle de grammaire :
a) je me souviens des paroles prononcées,
b) je me souviens de la page du cahier où elle figure.

3 - Quand je pense à un parent :
a) je me souviens en priorité de sa voix,
b) je me souviens en priorité de son visage.

4 - Dans un livre de cours :
a) je lis d'abord le texte,
b) je regarde d'abord les schémas ou les graphiques.

5 - Quand je recherche dans mon livre une page à partir de la table des matières :
a) je prononce le numéro de la page à voix basse,
b) je regarde les numéros de pages sans les prononcer.

6 - Dans mes loisirs :
a) j'aime de préférence la musique,
b) j'aime plutôt le cinéma.

7 - Pour retrouver de mémoire ce que j'ai sur mon bureau :
a) je pense à ce que j'ai fait récemment avec ces objets,
b) je vois d'abord dans ma tête les objets posés sur ce bureau.

FAIT

8 - Pour retrouver une explication :

a) je repense à ce que le professeur a dit dans son explication,
b) je revois son explication écrite au tableau ou sur mon cahier.

9 - Je parle avec les autres :

a) facilement,
b) avec réserve.

10 - Pour apprendre, le bruit :

a) est un handicap car je ne m'entends plus réciter,
b) ne me pose pas de problème.

11 - Je préfère les explications :

a) orales,
b) sous forme de schémas.

12 - Pour un calcul simple :

a) je le fais facilement de tête,
b) je l'écris.

13 - Pour retenir un numéro de téléphone :

a) je le répète,
b) je l'écris.

14 - Lorsque je me trouve dans un bâtiment nouveau :

a) je me repère facilement,
b) je me repère difficilement.

J'effectue le total des "a" et le total des "b". Si les "a" dominent, j'ai une préférence auditive ; visuelle si les "b" dominent.

J'UTILISE MON SENS PRÉDOMINANT

FAIT

Pour les visuels

1 - Si je suis plus visuel qu'auditif (voir test précédent), je dois utiliser la vue au maximum :
- je repère immédiatement ce qui est important dans la leçon (plan et mots-clés),
- je souligne en couleur ce plan et ces mots-clés,
- j'écris au brouillon les mots nouveaux,
- j'utilise des schémas, arbres d'idées, tableaux de comparaison, etc.
- au moment d'apprendre, je repère bien tous ces éléments et les retiens facilement. Ma mémoire enregistre ce qu'elle voit.

2 - **J'associe** des informations **à des lieux** pour les retenir.

Exemple : j'imagine le trajet de ma chambre à mon collège en différentes étapes : la porte de ma chambre, la porte de la maison, les premiers feux...
J'associe à la première étape (la porte de ma chambre) le premier élément de ce que je dois retenir, par exemple un nom et une date.
À la deuxième étape (la porte de la maison) j'associe un autre élément, etc.
Pour me souvenir de la liste complète des éléments, je parcours mentalement le trajet et je récupère à chaque étape l'élément que j'ai déposé.

Pour les auditifs

1 - Si je suis auditif, j'ai intérêt à lire à haute voix ou à voix basse ce que j'apprends. Ma mémoire enregistre les paroles que je prononce :
- pour les sciences, je décris les phénomènes,
- pour l'orthographe, j'épelle les mots à haute voix,
- en langue, je prononce intérieurement les textes, etc.

FAIT

2 - Comme pour les visuels, je peux **associer** des éléments à retenir non pas à des lieux mais **à des dates**. J'ai en effet une bonne mémoire des dates. J'utilise pour cela les dates importantes de ma propre vie.

3 - J'écoute attentivement ce que dit mon professeur, je le retiendrai facilement.

Pour tous

1 - Je peux écrire pour retenir. Ma mémoire enregistre ce geste. Je mémorise ainsi :
- l'orthographe en français ou en langue,
- les noms propres,
- les dates et leurs correspondances,
- les formules mathématiques ou chimiques,
- les figures, les schémas, les cartes...

2 - **Dans tous les cas, j'ai intérêt à utiliser toutes les entrées, tous mes sens à la fois** :
- **je repère** les éléments à apprendre sur mon cahier. Éventuellement, je les visualise sous forme d'arbres d'idées, de schémas ou de tableaux,
- **je les prononce**,
- **je les réécris**.

JE VÉRIFIE CE QUE JE SAIS

FAIT

Je vérifie au brouillon que je sais

Je vérifie immédiatement que j'ai retenu les idées importantes, sans regarder ma leçon évidemment !

1 - **Je revois dans ma tête** la page de ma leçon avec les mots du plan puis les mots-clés bien mis en évidence.

2 - Je réfléchis pour ne pas répondre n'importe quoi et pour vérifier que j'ai compris.

3 - **J'écris ce que je sais** au brouillon, comme si j'étais interrogé : plan et mots-clés uniquement ; éventuellement sous forme de schéma en arbre d'idées (voir fiche 57).

4 - Je le prononce en même temps.

5 - **Je compare** avec ma leçon.

6 - Ensuite, si je dois apprendre par cœur, et uniquement dans ce cas, j'apprends les phrases mot à mot.

7 - Lorsque j'ai bien retenu la première partie, je passe de la même manière à la seconde. Je continue ainsi jusqu'à la fin.

8 - Lorsque je ne sais pas, je recommence.

9 - Je vérifie aussi que je connais les démarches à suivre en refaisant des exercices.

FAIT

Si, en vérifiant, je constate que j'ai oublié des éléments

1 - Je répète bien dans ma tête ce qui doit être corrigé, en me disant que je serai interrogé. Je recommence à l'apprendre.

2 - À la fin, je vérifie ma leçon en entier.

3 - **Le grand secret pour retenir est de se tester, plusieurs fois de suite :**
- **retrouver au brouillon sa leçon sans la regarder,**
- **vérifier ce qui manque.**

4 - Pour les leçons difficiles, je récite une dernière fois le soir avant de m'endormir.

5 - Lorsque j'ai appris à l'avance (ce qui est préférable pour les leçons difficiles), la veille de l'interrogation, je revois et vérifie ma leçon une nouvelle fois.

Je sais réviser pour les interrogations

1 - Je sais ce qu'il y a à revoir, je me suis informé.

2 - Je revois sur plusieurs jours : je programme ces révisions sur ma grille de répartition.

3 - Éventuellement, je me fais réexpliquer ce que je trouve difficile.

4 - Pour les matières scientifiques, je révise en effectuant les exercices qui vont avec la leçon.

À L'INTERROGATION, JE SAIS RETROUVER

FAIT

Pour bien répondre à une interrogation écrite ou orale

Je ne m'énerve pas. Je pense plutôt aux conseils suivants.

1 - Je prends le temps de réfléchir à la question pour ne pas me tromper. J'applique les conseils relatifs aux consignes (voir fiche 52).

2 - Pour retrouver ce que j'ai appris :
- **je revois mentalement** les pages de la leçon avec le plan, les mots-clés et les phrases,
- **je réentends mentalement** ce que je prononçais lorsque j'apprenais.

3 - Je réponds en construisant des phrases.

4 - Je m'interroge sur la signification de ce que j'écris. Cela doit avoir du sens, de la logique : je ne raconte pas n'importe quoi.

5 - Pour voir si je n'ai rien oublié, je relis avec soin mon travail en essayant de comparer, dans ma tête, avec les pages de mon cahier où se trouve la leçon.

Pour retrouver une démarche

1 - Je suis les mêmes étapes que précédemment.

2 - Je repense en plus aux exercices que j'ai pu effectuer, chez moi ou en cours.

50 LEÇONS

L'INTERROGATION À PARTIR DE DOCUMENTS

FAIT

À l'interrogation, lorsque j'ai à ma disposition des documents, cela peut être plus facile, à condition de bien les utiliser.

1 - Je lis d'abord attentivement toutes les questions pour savoir comment utiliser ces documents.

2 - Je prends le temps de **réfléchir à ce qui est demandé avant de chercher, de le comprendre**. Si je ne comprends pas, je risque de me tromper.

3 - Je peux commencer par ce qui me paraît le plus facile.

4 - Pour trouver des informations dans les documents :
- je me pose les questions traditionnelles (voir fiche 56),
- je note les réponses au fur et à mesure au brouillon,
- je surligne dans le texte les éléments de réponses trouvés.

5 - Je recopie ces informations "au propre", en faisant bien attention de **suivre toutes les consignes**.

6 - Je barre sur ma feuille de consignes, au fur et à mesure, les questions traitées.

JE RÉUSSIS MES TRAVAUX ÉCRITS

Coche ci-dessous les réflexions que formulent tes professeurs dans tes devoirs, puis découvre dans le texte les réponses apportées à tes problèmes.

- Vous n'avez pas compris la question. ☐
- Vous oubliez des consignes. ☐
- Vous manquez d'éléments. ☐
- Votre vocabulaire est trop pauvre. ☐
- De quoi parlez-vous ? ☐
- Mal dit. ☐
- Incompréhensible. ☐
- Mélange d'idées. ☐
- Devoir mal structuré. ☐
- Vous mélangez les questions. ☐
- Expliquez davantage. ☐
- Illustrez vos idées. ☐
- Manque d'idées. ☐
- Hors-sujet. ☐
- Construisez des paragraphes. ☐
- Répétitions. ☐
- Simplifiez. ☐
- Travaillez la construction des phrases. ☐
- Écriture incompréhensible. ☐
- Ponctuation défaillante. ☐

51 L'ÉCRIT

JE PRENDS MON TEMPS POUR LIRE LES QUESTIONS

FAIT

Je prépare mes réponses au brouillon

Ce que l'on me demande, en général, n'est pas facile. Je ne peux prétendre savoir faire directement un travail, à la perfection. En conséquence, je prépare toujours mon travail au brouillon, au lieu de me tromper au propre et recevoir une mauvaise note.

Je commence par lire attentivement les questions

Une autre clé pour avoir de bonnes notes se trouve dans la lecture des énoncés.

1 - Rien n'est pire que de :
- connaître tous les éléments de la réponse mais ne pas les donner, parce que le sujet est mal compris : le devoir est **incomplet**,
- travailler pour rien, c'est-à-dire répondre à ce qui n'est pas demandé : être **hors sujet**,

Exemple : Si l'on me demande mon avis sur les jeux de société, je ne parle pas des jeux vidéo, je ne parle que des jeux qui se jouent en groupe.

2 - Je ne me précipite pas, je ne fonce pas tête baissée, sans savoir précisément où je vais, et par quelles étapes je passe. Je sais **perdre un peu de temps au début du devoir, j'en gagne beaucoup ensuite**.

3 - Avant de lire le texte, j'effectue d'abord deux lectures attentives des questions pour savoir ce que je dois rechercher.

JE COMPRENDS LES QUESTIONS

FAIT

Je distingue "ce qu'il faut faire" de "comment le faire"

1 - Je repère, en l'entourant, le ou les mots-clés de la consigne.

2 - Dans la question, je distingue toujours :
- **ce qu'il faut effectuer**, souvent indiqué par un verbe : racontez, citez, développez…,
- **comment le faire**, souvent indiqué sous forme de compléments qui précisent le sujet ou la présentation du travail : "en vous appuyant sur le document"…,
- **à quel moment le traiter** : "d'abord… et ensuite"…

3 - Pour rendre claires les questions, **je les réécris au brouillon en les traduisant avec mon propre vocabulaire**.

4 - Je prends soin de bien **séparer les éléments d'une question**.
Exemple : "Identifiez les mots-clés contenus dans le premier paragraphe et caractérisez-les".

- En réfléchissant, je traduis au brouillon :
  -"identifiez" par "retrouvez",
  - "mots-clés" (ils ouvrent les portes de la compréhension) par "mots importants",
  - "caractérisez" par "définissez".

- Après réflexion, je sais maintenant que je dois effectuer une liste de mots importants et, en face de chacun d'eux, les définir.

- En réécrivant les consignes sur mon brouillon, cela donne :
  "On me demande :
  - de retrouver les mots les plus importants,
  - tirés du premier paragraphe uniquement,
  - de les écrire sur ma copie,
  - d'indiquer en face de chaque mot ce qu'il veut dire".

JE ME MÉFIE

FAIT

1 - Je me pose la question : est-ce bien cela que l'on me demande ?
- Le travail proposé n'est pas forcément exactement le même que celui que je fournis habituellement.
- Je revois dans ma tête le cours, y a-t-il un détail qui change ?
- N'ai-je pas confondu ou oublié un mot important dans l'énoncé ?

Exemple : "Dans le texte, définissez les caractéristiques de...". Il n'est pas demandé, contrairement à ce que j'effectue d'habitude, de dégager ces caractéristiques mais de développer pour chacune une définition.

2 - Si je ne comprends pas un terme ou une expression, je m'interroge, c'est à cause de lui que je risque de me tromper. Je cherche alors sa signification :
- en me souvenant des exercices où je l'ai déjà rencontré,
- en me demandant quelle est la racine du terme,
- en consultant le dictionnaire pour trouver la signification de ce qui me pose problème.

3 - Ce n'est qu'après ce travail de réflexion sur le sujet, que je recherche les idées pour chaque élément de la question, toujours au brouillon.

4 - Je n'oublie pas les conseils donnés par le professeur, pour ce type de questions.

JE SAIS DÉGAGER LES MOTS-CLÉS

FAIT

Le mot-clé résume une ou plusieurs phrases ou plusieurs idées. Il est, ou non, tiré du texte.

L'utilisation des mots-clés

1 - J'utilise les mots-clés pour :
- trier ce qui est important de ce qui est secondaire,
- reformuler une ou plusieurs phrases ou idées,
- m'aider à comprendre un document, un cours, une question, etc.,
- résumer un cours et effectuer des fiches de révisions,
- apprendre plus facilement une leçon,
- retrouver des idées ou des connaissances,
- trouver des documents au C.D.I.

2 - L'utilisation des mots-clés est indispensable, elle me fait gagner beaucoup de temps.

3 - Travailler à partir de mots-clés est **difficile mais très formateur**, cela **développe mon esprit de synthèse, une des principales qualités intellectuelles**.

La recherche des mots-clés dans un texte

1 - Après avoir lu le texte, je réponds au brouillon à la question : **"De quoi est-il question ?"**

2 - Puis je réponds à une seconde question : **"Qu'en est-il dit ?"**
Je possède alors quelques mots qui résument le texte.

3 - Pour continuer à dégager les mots-clés, je poursuis ma recherche à partir de la structure du texte :
- titres, sous-titres,
- début et fin de document,
- caractères gras, mots en italiques,

FAIT

• légendes des illustrations.

4 - Je complète ces premières pistes en relisant ensuite attentivement les différents passages du texte.

5 - Je m'arrête particulièrement sur les débuts et fins de paragraphes, dans lesquels se trouvent souvent les idées principales.

6 - Une fois trouvé le mot-clé, je le souligne dans le document ou je le note sur mon brouillon.

7 - Je tire souvent le mot-clé du texte, mais il peut aussi ne pas être issu du texte : **il résume l'idée ou les idées**.

8 - Je peux remplacer plusieurs mots par un seul, c'est un mot-valise, par exemple, rose et muguet peuvent être remplacés par fleurs.

La recherche des mots-clés dans un cours

1 - Dans un cours, je note comme mots-clés :
- les mots du plan,
- les termes qui résument les idées des développements,
- toutes les étapes d'un raisonnement ou d'une démonstration.

2 - En plus de ces mots-clés, je n'oublie pas de noter dans le cours :
- les définitions, formules, théorèmes,
- les schémas ou tableaux récapitulatifs,
- les dates et noms propres importants.

3 - Je ne retiens pas comme mots-clés :
- les illustrations (exemples, anecdotes, détails…),
- les répétitions d'idées sous une autre forme.

4 - Dans mon cours, je souligne ou surligne ces mots-clés.

JE DISTINGUE LES MOTS DE LIAISON

Les mots de liaison suivants (classés par thèmes) me permettent :
- de préciser ma pensée,
- d'enrichir mes phrases écrites ou orales,
- de repérer les changements d'idées dans un texte.

Chronologie

Quand, lorsque, dès que, après, ensuite.

Début

Avant tout, tout d'abord, avant que, avant, premièrement, pour commencer, d'abord, en premier lieu.

Fin

Finalement, ainsi, en résumé, c'est pourquoi, ainsi donc, dès lors, de telle sorte que, en conclusion, en définitive, en raison de, par conséquent, en dernier lieu, de cette manière, enfin, pour conclure.

But

De peur que, en vue de, pour que, dans le but de, afin de, afin que.

Démonstration

Or, car, en effet, de la même façon, ainsi, à savoir, puisque, surtout, aussi.

Cause

Car, en effet, donc, puisque, quand, quant à, parce que, comme, c'est pourquoi, étant donné que, si ... alors, ainsi que, dès lors que, grâce à, en raison de, du moment que, attendu que, à cause de, de même que.

Conséquence

Ainsi, d'où, de ce fait, par conséquent, donc, aussi, c'est pourquoi, si... alors, en conséquence, or, de sorte que, suite à.

Condition

À supposer que, si, néanmoins, sauf que, même si, excepté, à condition que, cependant, au cas où, sauf, mais, quand, lorsque, pourvu que, toutefois, sinon.

Exception

Si, sauf, bien que, quoique, hormis, plutôt que, pourvu que, à l'exception de, cependant, excepté, même si.

Énumération

Et, ensuite, en plus, aussi, d'une part, d'autre part, de même, et puis, en outre, par ailleurs, de plus, quant à.

Comparaison

Comme, autant que, de plus, tel que, moins que, au contraire, de même que, par contre, en comparaison de, d'une part, d'autre part, en revanche, toutefois, plus que, d'après, ou, d'où.

Opposition

Cependant, en face de, contre, mais, bien que, malgré, quoique, tandis que, par contre, alors que, néanmoins, au contraire, toutefois, à l'encontre de, ni, à l'opposé, en revanche.

JE SAIS RÉPONDRE AUX QUESTIONS D'UN DOCUMENT

FAIT

J'identifie le document

Je dois identifier le document proposé, repérer :

- sa source : revue, journal, livre, manuel, rapport…,
- son auteur pour le situer par rapport à sa profession, ses idées,
- son titre,
- sa date de parution pour effectuer un rapport avec l'actualité ou le contexte historique,
- son type : texte polémique, texte informatif…

Je comprends les questions

1 - Je lis attentivement les questions pour bien les comprendre (voir fiche 51) et distinguer :
- celles qui font référence au document,
- celles qui font appel à mes connaissances,
- ou à ma réflexion personnelle.

2 - Lorsque je suis certain d'avoir bien compris les questions, je peux chercher les réponses dans le document.

3 - Je cherche **uniquement ce qui est demandé** et ne me préoccupe pas du reste.

4 - **Je garde ces questions en tête tout au long de ma lecture**.

Je survole l'ensemble

1 - Pour savoir quels sont les domaines abordés, l'idée générale ou le problème posé, je repère l'ensemble :
- titres, sous-titres, illustrations, caractères gras…,
- dans un texte, je n'oublie pas le verso après le recto.
- pour un livre, je lis le dos de la couverture et la préface.

FAIT

2 - Je dois pouvoir dire de quoi il est question.

J'examine en détail

1 - Je recherche les informations d'abord dans :
- les légendes des photos, des graphiques ou des tableaux,
- les titres des parties et dans les sous-parties,
- l'introduction, et la conclusion,
- les débuts et fins de paragraphes,
- les mots de liaison, pour les changements d'idées.

2 - Je lis ensuite attentivement le texte.

3 - Au fur et à mesure, **je surligne**, entoure ou place des accolades uniquement sur **ce que je recherche** ou sur ce qui facilite ma compréhension :
- certains des éléments ci-dessus,
- les mots-clés,
- et les fragments de réponses aux questions.

4 - Je note en marge les passages difficiles que je dois relire et je continue ma lecture : l'auteur ou le contexte me fournissent souvent des explications complémentaires par la suite.

5 - À la fin de mes lectures, je dois avoir bien compris et repérer :
- ce que l'auteur pense du sujet abordé,
- l'ordre, la manière dont il expose ses idées (oppositions, répétitions...).

FAIT

Je classe mes idées au brouillon

1 - Pour trouver d'autres idées :
- je me pose les questions : Q, Q, Q, O, Q, C, P (voir fiche 57),
- j'effectue des rapprochements avec ce que j'ai appris.

2 - **Je garde uniquement les idées qui correspondent à la question posée et les classe**.

Je réponds aux questions

1 - Mes réponses commencent par une **reformulation de la question**.

2 - Normalement, je n'utilise pas les termes ou les phrases du texte, sauf si on me le demande. **J'utilise mon propre vocabulaire**.

3 - S'il m'arrive de recopier un extrait de phrase du texte ou du livre, je place la citation entre guillemets.

4 - Je n'hésite pas à donner mon avis, si on me le demande.

5 - Après avoir recopié mon brouillon, je barre les questions auxquelles j'ai répondu et je relis mon travail.

57 L'ÉCRIT

JE TROUVE LES IDÉES OU LA SOLUTION

FAIT

Lorsque je ne vois pas ce qu'il faut répondre :

Je garde d'abord le moral

☐ Je crois en mes possibilités : je ne dis pas que je suis nul. Mes difficultés sont passagères. Apprendre à conduire est difficile au début, mais chacun persévère.

J'utilise tout mon savoir

☐ 1 - Je ne me lance pas dans un développement ou dans des calculs sans comprendre, sans savoir où je vais : je perdrais mon temps.

☐ 2 - Je relis plusieurs fois le sujet.

☐ 3 - **Je reformule le sujet, j'utilise mon propre vocabulaire**.

☐ 4 - **J'utilise le contenu de mes cours** (manuels, fiches de révisions...). Souvent, ce sont de simples applications que je dois effectuer, éventuellement de simples adaptations.

☐ 5 - J'utilise éventuellement les livres dont je peux disposer : livres de cours, dictionnaires, encyclopédies...

☐ 6 - Je n'invente pas. Mon professeur s'en apercevrait très vite.

☐ 7 - Je dépasse mes connaissances scolaires, j'utilise :
- des informations, de l'actualité,
- des souvenirs (émissions, lectures, voyages, exposés),
- des expériences personnelles ou celles des autres (vie quotidienne ou événements exceptionnels),
- des références, des citations, des exemples (j'évite les clichés et les lieux communs).

FAIT

Je schématise, en arbre d'idées, au brouillon

1 - Je cherche sur une double feuille de brouillon au recto uniquement, pour faciliter la juxtaposition des idées. J'aère au maximum.

2 - Je note chaque idée ou mot-clé principal au centre de chaque feuille ; par exemple, pour "La croissance démographique", sur une feuille je place le mot "causes", sur l'autre "conséquences"...

3 - **Je note, sous forme de mots-clés, autour de chaque idée principale, toutes les idées associées** : je les dispose comme **les branches d'un arbre** ou en rayonnant tout autour. Je les trierai ensuite en les numérotant.

4 - Je peux construire aussi un schéma ou un tableau. **Je transforme en image ce qui est abstrait ou difficile, souvent je comprends mieux**.

Je me pose des questions

1 - Pour sortir de l'impasse où je me trouve, **je me pose d'autres questions plus simples. Je décompose la question difficile**.

2 - Je me pose les questions traditionnelles :
- Qui ? Que ? Quoi ? Où ? Quand ? Comment ? Pourquoi ? (Q, Q, Q, O, Q, C, P),
- En quoi ? Sous quelle forme ? En quoi ce n'est pas ? Dans quelle catégorie le situer ? etc.

58 L'ÉCRIT

J'ORDONNE MES IDÉES DANS UN PLAN

FAIT

Avant de rédiger, j'ordonne au brouillon mes idées.

1 - Pour un devoir de sciences : je vérifie que mes idées sont présentées dans un ordre logique.

2 - Pour un travail de rédaction, mon développement est structuré. Je compose au brouillon une introduction et une conclusion. Si je n'ai pas le temps de terminer mon devoir, je pourrai glisser quand même ma conclusion écrite au brouillon.

Les développements

1 - Mon plan suit une progression : j'essaie de démontrer quelque chose ou de convaincre par mes idées. Je me pose donc d'abord la question : Qu'est-ce que je veux démontrer ?

2 - Ces idées sont dans un **ordre facile à comprendre par tous**, j'essaie d'obtenir **une suite logique** d'idées.

3 - Je regroupe ces idées dans deux ou trois parties. L'ordre de ces parties reste lui aussi logique.

Exemple : Pour le sujet traitant de la pollution de l'eau, je peux adopter les parties suivantes :
- *première partie : la situation actuelle de la pollution de l'eau dans le monde, ses causes,*
- *deuxième partie : les conséquences de la pollution de l'eau, pour la santé en particulier,*
- *troisième partie : les solutions envisageables et les obstacles à ces solutions.*

4 - Je relis régulièrement mon sujet et je n'hésite pas à modifier mon plan si cela est nécessaire.

FAIT

5 - Pour clarifier mon travail, j'écris, exceptionnellement, mon brouillon sur de grandes feuilles volantes, une feuille par partie. Pour être plus efficace, j'utilise un seul côté des feuilles.

L'introduction et la conclusion

1 - Mon introduction est composée de deux paragraphes :
- le premier présente le problème évoqué,
- le second annonce le plan.

2 - Ma conclusion est composée aussi de deux paragraphes :
- le premier résume les idées principales,
- le second tire ensuite les conséquences de ce que j'ai développé, il se termine éventuellement par une question susceptible d'être à son tour développée.

59 L'ÉCRIT

JE RÉDIGE POUR LE CORRECTEUR

FAIT

J'écris pour être lu facilement. C'est pour le professeur que le devoir est écrit. Le travail fourni ne sert à rien si l'enseignant n'est pas capable de le lire. Je facilite toujours sa lecture.

Je donne toujours suffisamment d'explications

1 - Je n'oublie jamais que celui qui va corriger ne sait pas ce que je pense, sauf si je le lui indique précisément par écrit. Trop d'élèves croient que le correcteur en lisant la feuille va comprendre. Le correcteur ne lit que ce qu'il voit, il ne doit rien deviner, rien imaginer : c'est la règle du jeu.
Exemple : Pour répondre à la question : "Qu'est-ce qui dans le texte montre la diversité des aliments existants ?" , il ne suffit pas de reprendre mot à mot ces aliments. Il faut indiquer à quelles catégories différentes ils appartiennent.

2 - Ce que j'écris est donc suffisamment précis :
- **le correcteur ne doit pas avoir de question à se poser**,
- il ne doit pas non plus effectuer de confusion.

Ma présentation est claire

1 - Je n'oublie pas d'indiquer mes nom et prénom, ma classe ainsi que la date et le nom de la matière.

2 - Je garde toujours **une marge** pour que le professeur puisse y placer ses remarques. Généralement cette marge se situe à gauche, sauf préférence contraire de l'enseignant. De même, je laisse en début de copie quelques lignes pour les remarques globales du professeur.

3 - Pour bien distinguer les idées, je n'oublie pas de placer **la ponctuation et une majuscule au début des phrases**, c'est aussi une question d'orthographe.

4 - **Je construis des paragraphes** à chaque changement de situation ou d'idée, ainsi le lecteur se retrouve facilement dans mon texte.

FAIT

5 - Une fois à la ligne, j'effectue **un retrait de trois carreaux** en début de paragraphe, ce changement de paragraphe se voit alors tout de suite.

Le correcteur retrouve ses questions

1 - Je commence par les questions que je sais le mieux. Je consacre plus de temps à ce qui me semble compliqué.

2 - Je note les questions avec leurs numéros et les souligne.

3 - Ma réponse commence par une reformulation de la question.
Exemple : "Les différentes parties du texte sont ... "

4 - Je vais à la ligne à chaque question.

5 - Pour rester clair, je passe une ligne entre les questions et deux lignes entre les différentes parties.

J'écris très lisiblement

1 - Mon devoir est entièrement rédigé. Je n'utilise pas, pour plus de rapidité, d'abréviation, ni des membres de phrases ni des schémas.

2 - Ma ponctuation est correcte.

3 - Je place des points sur les i, des barres sur les t, je forme bien les r et toutes les boucles, etc.

4 - J'évite toute tâche ou toute rature pour garder mon devoir propre.

5 - Les gauchers ont intérêt à utiliser un stylo bille ou une encre qui sèche rapidement pour éviter toute bavure.

6 - J'évite les problèmes d'orthographe, je relis mon devoir pour corriger au moins les grosses erreurs.

60 L'ÉCRIT

MON STYLE RESTE CLAIR

FAIT

Tout ce que j'écris est compréhensible par le professeur. Je reste toujours le plus clair possible pour éviter de l'agacer.

Les phrases sont compréhensibles

1 - Pour rester clair, j'obéis à une seule règle, je construis **des phrases courtes**. Je n'exprime qu'**une seule idée par phrase**. Chacune de mes phrases contient : un sujet, un verbe et un complément, parfois uniquement cela.

2 - Je sélectionne ce qu'il faut exprimer dans chaque phrase. Ce n'est pas simple, souvent, on a tellement de choses à dire que l'on veut tout dire en même temps. Je m'entraîne à ce type de construction.

3 - Pour rédiger correctement, j'utilise le brouillon.

J'obéis aux règles de construction

1 - J'évite de reprendre dans les textes des termes que je ne comprends pas. J'utilise le plus souvent possible **mon propre vocabulaire**.

2 - **Je suis précis**. Au lieu d'écrire : "Ils ont besoin de temps", j'écris plutôt "Les consommateurs ont besoin de temps pour se décider".

3 - Je garde, sauf demande particulière, **la forme impersonnelle** : "Nous pouvons constater que..." et non pas "Je constate que...". C'est une des règles du jeu de l'écriture à l'école. Je ne donne pas mon avis ou mes impressions, sauf si on me les demande. J'évite par exemple d'écrire "C'est dommage" après avoir constaté un événement.

4 - J'évite de changer de temps sans raison en cours de rédaction.

5 - **Mes phrases sont le plus souvent reliées** par des termes ou

FAIT

expressions de coordinations ou des subordinations tels que : ainsi, en second lieu, d'autre part, etc. (voir fiche 55).

6 - J'utilise la **ponctuation**.

7 - Je n'oublie pas : chaque phrase commence par une **majuscule** et se termine par un point.

8 - Si je ne sais pas comment résoudre un problème de style, au lieu de laisser ce problème, je tourne la phrase autrement.
Exemple : Je transforme "Les paysages que j'ai rencontrés étaient magnifiques" en "J'ai rencontré des paysages magnifiques".

9 - Le meilleur **test** pour savoir si une phrase se tient est celui que pratiquent beaucoup d'écrivains : la **lecture** à voix basse ou à voix haute :
- en pratiquant ce test, je me rends tout de suite compte des imperfections,
- tant que la phrase n'est pas compréhensible, je la retravaille,
- souvent je simplifie, **je supprime une idée en trop** pour la replacer dans une seconde phrase.

Je regroupe mes idées dans des paragraphes

1 - J'ordonne mes phrases dans des paragraphes.
Chaque paragraphe aborde un groupe d'idées différentes. Je montre par cette construction qu'il existe une logique, un raisonnement dans ce que j'écris.
Exemple : Pour décrire l'endroit où j'habite, j'évoque dans des paragraphes successifs : ma rue, les caractéristiques générales de mon appartement, éventuellement, je détaille les pièces principales.

2 - Pour ordonner mes idées dans des paragraphes :
- j'effectue plusieurs essais au brouillon,
- ces idées se mettent en place progressivement,
- là encore, une lecture à voix basse permet de me rendre compte de ce qui convient ou ne convient pas.

61 L'ÉCRIT

JE SURVEILLE MA MONTRE

FAIT

Toutes les démarches précédentes demandent du temps, de la persévérance.

1 - **Je répartis mon temps** entre les différentes questions.

2 - Je ne me décourage pas. Je n'abrège pas le temps de recherche. Je passe éventuellement à une autre question, puis je reviens à ce qui pose problème.

3 - Cependant, s'il ne me reste pas assez de temps, je réponds à l'essentiel sans développer, et passe à une autre question. **Je dois traiter toutes les questions**, pour obtenir des points pour chacune.

Je garde du temps pour recopier

1 - Je vérifie que j'ai bien répondu à toutes les questions. Pour cela, je barre sur le sujet les questions recopiées au propre.

2 - J'utilise tout le temps qui m'est accordé. Rien ne m'oblige à finir rapidement mon travail pour faire le malin devant les autres.

Je n'oublie pas de relire

Je peux, grâce à cette étape, améliorer très nettement ma note : 90 % des fautes se corrigent facilement lors d'une ou deux relectures.

Je relis lentement chaque terme de mes réponses pour vérifier :

- si ma réponse correspond bien à la demande précise du texte ou du professeur,
- si j'utilise les mots qui conviennent,
- si l'orthographe de ces mots est bonne,
- si les règles de grammaire sont respectées, en particulier les principaux accords : masculin féminin, singulier pluriel, sujet verbe, etc. (voir objectif 8).

LES DEVOIRS À LA MAISON

FAIT

Je n'attends pas le dernier moment pour effectuer mes devoirs

Parfois, les devoirs sont longs à exécuter, exigent de la réflexion ou des recherches, ou nécessitent d'être en pleine forme pour trouver les réponses. Pour ne pas être stressé et pour tout faire correctement :

1 - Je m'y prends à l'avance pour planifier et effectuer mes devoirs, je les répartis sur plusieurs jours (voir fiche 12).

2 - J'effectue le maximum de travail à l'école, pendant les études.

3 - Je travaille mes devoirs de préférence lorsque je suis en forme.

J'évite toute fatigue inutile

Après des heures de cours, pour éviter toute fatigue inutile :

1 - Je lis sur mon cours ou dans mon livre les chapitres correspondants, avant de faire les exercices.

2 - J'alterne :
- les travaux difficiles et les travaux faciles,
- les différentes matières entre elles.

3 - J'effectue une courte pause, toutes les 45 minutes.

4 - Si je ne trouve pas d'idée ou la solution d'un problème, après avoir cherché sérieusement, je passe à un autre sujet. J'y reviens lorsque mes idées sont plus claires, après une nuit de sommeil par exemple.

5 - Je note ce qui me semble difficile et demande au professeur des compléments d'explication.

OBJECTIF 8

J'ACQUIERS GRAMMAIRE, VOCABULAIRE, ORTHOGRAPHE

Coche ci-dessous les avis que tu exprimes parfois. Puis, découvre dans les pages suivantes les conseils qui s'y rapportent.

- ☐ Orthographe et grammaire c'est la même chose.
- ☐ Je ne vois pas l'intérêt qu'il y a à pinailler sur l'orthographe.
- ☐ Je suis nul en orthographe.
- ☐ De toutes façons, je téléphone au lieu d'écrire.
- ☐ Il n'y a pas de logique dans l'orthographe.
- ☐ On doit tolérer un certain nombre d'erreurs.
- ☐ J'ai toujours de sales notes à cause de l'orthographe.
- ☐ Sur mon ordinateur, je me sers d'un correcteur orthographique.
- ☐ L'écrit est dépassé.
- ☐ Je n'ai jamais le temps de me relire.
- ☐ Il faut d'abord s'occuper des idées du devoir, cela rapporte davantage.
- ☐ Je ne vois pas le rapport entre le vocabulaire et les maths.
- ☐ Je n'arrive pas à me souvenir de toutes les règles de grammaire.
- ☐ Personne ne tient plus compte de l'orthographe.
- ☐ Mon vocabulaire suffit à me faire comprendre.
- ☐ Il n'y a aucune raison d'utiliser des mots difficiles.

GRAMMAIRE ET ORTHOGRAPHE

FAIT

1 - Ce que j'appelle "le français" regroupe, parmi d'autres éléments :
- **la grammaire** : ensemble des règles à suivre pour parler et écrire correctement une langue. Une partie concerne le vocabulaire,
- **le vocabulaire** : ensemble des mots qui appartiennent à la langue,
- **l'orthographe** : manière correcte d'écrire les mots.

2 - Je ne tiens pas à garder mes difficultés en "français" toute la vie. Je ne m'estime pas nul. Je souhaite profiter des avantages suivants.

Comprendre

1 - Je ne veux plus être bloqué dans la compréhension d'une phrase.

2 - Je ne souhaite plus me tromper sur la signification précise d'un terme et par conséquent répondre à côté de la question (cela m'est arrivé en maths). Mon vocabulaire, trop limité, est à l'origine de ces problèmes.

Se faire comprendre

Je ne veux plus que des professeurs me fassent des reproches :
- soit parce que je manque de mots précis (problème de vocabulaire),
- soit parce que je parle ou j'écris un peu n'importe comment, sans respecter le code de notre langue (problème de grammaire),
- soit parce qu'il existe trop de fautes dans ce que je rédige (problème de grammaire encore). Ces fautes freinent la compréhension.

Faciliter les études

Le "français" est une matière fondamentale dans toute la scolarité. C'est souvent un fort coefficient aux examens. Toutes les disciplines en dépendent. Je résous mes difficultés dès maintenant.

JE PROGRESSE EN GRAMMAIRE

FAIT

Les bons réflexes pour progresser en grammaire

☐ 1 - Je n'hésite jamais à écrire, même si je commets des fautes. Ce serait aussi ridicule de vouloir arrêter de compter parce qu'il m'arrive de me tromper. Plus j'utilise les règles de grammaire, plus c'est facile de les retenir.

☐ 2 - J'ai toujours sur mon bureau, à portée de la main, une grammaire adaptée à mon niveau. **J'ai demandé une référence de grammaire à mon professeur**, en lui précisant bien que je désirais un outil **simple à utiliser**.

☐ 3 - Lorsque je ne sais pas, ou lorsque j'ai des doutes sur l'orthographe, je recherche la solution dans ma grammaire.

☐ 4 - Je coche à chaque fois dans la table des matières la règle vérifiée, je vois ainsi ce qui me pose le plus de problèmes.

☐ 5 - J'apprends et recopie plusieurs fois ces règles qui posent problème. Je les illustre d'exemples.

Les points fondamentaux de grammaire à surveiller

J'améliore très nettement mes résultats en éliminant d'abord mes erreurs les plus fréquentes. Lorsque j'écris, je m'interroge toujours sur les points suivants :

☐ 1 - **Le point, la majuscule, l'accent** :
Ces trois types de négligences sont de véritables fautes car elles ralentissent la lecture. La plus gênante est le manque de point et/ou l'absence de majuscule pour séparer deux phrases, cela complique la compréhension du texte.

FAIT

2 - **Le pluriel**. Il se marque par un "s"
- sauf les noms se terminant par un s, un x ou un z,
- sauf si le terme peut être remplacé par "très" ou par "nous".

Exemple : Ces livres sont fort instructifs.
"Fort" peut être remplacé par "très", il s'agit d'un adverbe. Il reste invariable.

3 - **L'accord du verbe avec le sujet**, en personne (1ère, 2ème et 3ème personne) et en nombre (singulier ou pluriel). Même si le sujet est placé après le verbe. Pour trouver le sujet je me pose les questions : Qui est-ce qui ? ou Qu'est-ce qui est ?

Exemple : En automne tombent les feuilles. Qu'est-ce qui tombent ? Les feuilles. "Tombent" s'accorde avec "les feuilles".

4 - **L'accord de l'adjectif** avec le nom ou les noms auxquels il se rapporte.

Exemple : Les parapluies ouverts. "Ouverts" s'accorde avec parapluies, masculin pluriel.

5 - Pour savoir **s'il s'agit d'un adjectif** (accord) **ou d'un adverbe** (invariable), remplacer le mot par un autre au féminin ou par un autre semblable.

Exemple : Une histoire vraie -> Une histoire fausse
Cette seconde phrase sonne juste à l'oreille, "vraie" s'accorde donc.

Exemple : Ils roulent vite -> Ils roulent lentement
Cette seconde phrase sonne juste à l'oreille. "Vite" comme le mot "lentement" est un adverbe invariable.

Remarque importante :
- Le masculin l'emporte sur le féminin.

Exemple : Des garçons et des filles joyeux.

LES PARTICIPES PASSÉS

FAIT

Les règles fondamentales concernant le participe passé sont les suivantes :

1 - **Er ou é.** Si le verbe peut être remplacé ou non par un autre infinitif.

Exemple : Il va tomber. -> Il va vendre.

Cette seconde phrase a un sens, écrire "er" (il s'agit d'un infinitif).

Exemple : Il a chanté. -> Il a vendre.

La seconde phrase n'a pas de sens, écrire "é" (il s'agit d'un participe passé).

2 - **Participe passé employé avec avoir :** ne s'accorde qu'avec le complément d'objet direct, si celui-ci est placé avant le verbe.

Exemple : La table qu'ils ont préparée (préparée s'accorde avec table, C.O.D. placé avant le verbe).

Exemple : Ils ont préparé la table (préparé ne s'accorde pas ni avec table placé après, ni avec le sujet ils).

3 - **Participe passé employé avec être** : s'accorde avec le sujet du verbe.

Exemple : La phrase est dite (dite s'accorde avec phrase, sujet du verbe).

Il existe de nombreuses exceptions aux règles précédentes, elles sont à étudier, à partir d'une grammaire, une fois ces bases bien mémorisées.

TABLEAU DES CONJUGAISONS

L'INFINITIF SE TERMINE PAR :

	ER		IR		IR - RE - OIR	
	Chanter Apprécier Lancer		Finir Mugir Rougir	*participe présent en issant*	Venir Craindre Devoir	
	1er groupe		**2ème groupe**		**3ème groupe**	
PRÉSENT	**e** **es** **e**	**ons** **ez** **ent**	**is** **is** **it**	**issons** **issez** **issent**	**s** **s** **t ou d**	**ons** **ez** **ent**
	ATTENTION AUX TERMINAISONS IER - UER - OUER / ELER - ETER / YER					
IMPARFAIT	**ais** **ais** **ait**	**ions** **iez** **aient**	**issais** **issais** **issait**	**issions** **issiez** **issaient**	**ais** **ais** **ait**	**ions** **iez** **aient**
	ATTENTION AUX TERMINAISONS IER - YER CER - GER					
FUTUR	**erai** **eras** **era**	**erons** **erez** **eront**	**irai** **iras** **ira**	**irons** **irez** **iront**	**rai** **ras** **ra**	**rons** **rez** **ront**
	ATTENTION AUX TERMINAISONS IER - UER - OUER / ELER - ETER / YER					
PASSÉ SIMPLE	**ai** **as** **a**	**âmes** **âtes** **èrent**	**is** **is** **it**	**îmes** **îtes** **irent**	**is ou us** **is ou us** **it ou ut**	**mes** **tes** **rent**
	ATTENTION À LA TERMINAISON YER					

67 FRANÇAIS

J'ENRICHIS MON VOCABULAIRE

FAIT

Je trouve le sens des mots nouveaux

1 - Pour trouver la signification d'un terme nouveau, **je lis** la phrase complètement et même **le paragraphe en entier**. Souvent l'auteur développe l'idée sous une autre forme.

Exemple :
"La lecture développe le cerveau de manière exponentielle, il comprend et travaille de plus en plus vite."
Dans cet exemple, la deuxième partie de la phrase reprend la première, en expliquant le terme "exponentielle".

2 - Je peux aussi réfléchir pour retrouver un ou des mots semblables. Je m'appuie sur leur **étymologie**.

Exemple :
Dans hémicycle, on trouve "hémi" comme dans hémisphère (à demi) et "cycle" comme dans bicyclette (cercle). Hémicycle : tout espace qui a la forme d'un demi cercle.

3 - Je tiens compte **du préfixe ou du suffixe**.

Exemple :
Dans anticonformisme je retrouve le préfixe "anti" qui signifie contre.
Anticonformisme : contre le conformisme, qui s'oppose au conformisme.

4 - Je consulte mon dictionnaire. Je le tiens toujours à la portée de la main.

FAIT

J'améliore mon vocabulaire

En multipliant le nombre de termes que je connais :
- j'enrichis, mes idées, ma personnalité,
- j'apprends plus vite.

1 - **Je profite de toutes les possibilités qui se présentent** pour utiliser ou comprendre ces mots nouveaux :
- lectures,
- émissions TV,
- conversations...

2 - **Je me donne des occasions** de rédiger :
- rédactions,
- correspondances,
- exposés écrits,
- journal d'école...

3 - Je note dans mon carnet de vocabulaire alphabétique, la signification des termes nouveaux.

4 - J'essaie de nuancer mes idées en utilisant des termes précis, justes.

5 - J'évite d'employer les mots : être, avoir, faire, mettre.

6 - J'utilise mon dictionnaire des synonymes.

68 FRANÇAIS

JE PROGRESSE EN ORTHOGRAPHE

FAIT

De bonnes habitudes peuvent me permettre de progresser rapidement en orthographe.

1 - **Lorsque je lis**, **je fais attention** à l'orthographe des mots nouveaux.

2 - **Je recopie** les mots difficiles sur mon carnet de vocabulaire (alphabétique). Le fait de les écrire est le meilleur moyen de les mémoriser.

3 - Pour incruster l'orthographe d'un mot dans ma mémoire :
- je me dis qu'il me faudra le réécrire bientôt sans modèle,
- je vérifie que j'ai bien assimilé l'orthographe de ce mot en fermant les yeux et **en le revoyant dans ma tête**,
- ensuite, je l'écris en l'épelant, si possible à haute voix.

4 - Lorsque j'écris, je réfléchis pour retrouver la racine du mot. Je pense aux mots de la même famille

Exemple : Distrait prend un "t" parce que l'on dit distraite au féminin.

5 - Dans le doute, **j'écris le mot au brouillon** avec plusieurs variantes. L'œil peut se souvenir de ce qui convient le mieux.

Exemple : Dévellopement et développement.
Certains reconnaîtront tout de suite la bonne écriture, développement.

6 - **Je relis systématiquement** tout travail écrit. Cela reste fastidieux, mais c'est encore la seule solution pour corriger la majorité des fautes. Pour cette raison, je relis mon travail plusieurs fois, éventuellement.

OBJECTIF 9

J'AIME LIRE

Coche ci-dessous les avis que tu exprimes parfois. Puis, découvre dans les pages suivantes les conseils qui s'y rapportent.

- Il y a trop de mots que je ne comprends pas. ☐
- Je préfère la télé à la lecture. ☐
- Je n'aime pas lire. ☐
- On a trop de travail pour lire. ☐
- Je ne comprends pas les phrases trop longues. ☐
- Je préfère les jeux vidéo. ☐
- Lire, ça m'ennuie. ☐
- Je ne vois pas l'intérêt de lire. ☐
- On n'est plus en maternelle pour apprendre à lire. ☐
- J'aime bien prononcer dans ma tête ce que je lis. ☐
- C'est difficile de dégager ce qui est important dans un livre. ☐
- Je ne vois pas pourquoi il faut composer des fiches de lecture. ☐
- Quand je lis, je lis tout, d'un bout à l'autre. ☐
- Je ne lis pas trop vite pour comprendre. ☐
- Je n'ai pas le temps de lire. ☐
- Je m'ennuie quand je lis. ☐
- Je ne lis que ce qui est demandé en classe. ☐
- Je n'aime que les bandes dessinées. ☐

69 LECTURE

JE LIS D'ABORD PAR PLAISIR

FAIT

Le plaisir de lire

1 - J'éprouve l'envie de lire pour différentes raisons :
- je suis avec les personnages : je ne m'ennuie pas,
- je voyage tout au long de l'histoire : je bouge,
- je vis d'autres vies, des aventures extraordinaires : je rêve,
- je vis des histoires à suspens : je joue,
- le temps passe très vite,
- je peux satisfaire ma curiosité et mon imagination,
- je lis quand je veux, où je veux : je suis libre,
- en lisant, j'oublie tous mes soucis.

2 - Je lis pour le plaisir, je recherche ce plaisir.

3 - Si ma lecture ne me plaît pas, je saute des passages ou je change de livre. Chacun ses goûts, rien ne m'oblige à aimer les livres des autres ; mais **je trouve toujours un livre qui m'intéresse**.

4 - Pour éprouver du plaisir, il faut être un bon lecteur. Savoir lire ce n'est pas simplement savoir reconnaître un assemblage de mots, c'est surtout comprendre ce que veut dire l'auteur et partager ses émotions.

5 - La lecture, c'est comme les jeux vidéo, **plus je lis, plus c'est facile pour moi de lire**.

6 - Je réserve à la lecture un peu de temps chaque jour. Je développe ainsi, sans le vouloir, compréhension et vitesse de lecture.

Je trouve toujours un livre qui m'intéresse

1 - J'ai le choix et je ne m'en prive pas : contes, récits d'aventures, histoires policières, science-fiction, romans, etc.

FAIT

2 - J'opte pour des lectures **à ma portée**, sans complexe.

3 - Je choisis en fonction des avis de mes camarades ou de mon entourage, ou tout simplement ce que j'aime ou qui m'attire.

4 - J'achète des revues et des livres de poche ou je les emprunte à la bibliothèque du collège ou du quartier.

5 - Je n'hésite pas à demander conseil, par exemple à la bibliothécaire.

La lecture m'enrichit

1 - Parce que je lis, j'ai sur les autres de nombreux avantages :
- je possède davantage de connaissances, celles-ci s'acquièrent souvent par la lecture,
- la lecture favorise ma concentration et mon imagination,
- elle donne envie de connaître, elle développe ma curiosité,
- la lecture enrichit mon vocabulaire, mon langage, mon orthographe et ma grammaire.

2 - La lecture permet de forger ma pensée, d'analyser, de juger : elle développe mes performances intellectuelles. **Les meilleurs lecteurs sont souvent ceux qui réussissent le mieux leurs études**.

3 - Je veux profiter de tous ces avantages : la lecture pendant mes années de collège prépare mon avenir.

70 LECTURE

JE LIS POUR RECHERCHER DES INFORMATIONS

FAIT

Un bon lecteur est capable de **trouver rapidement l'information** dont il a besoin, dans un texte ou dans un livre.

Dans un périodique ou dans un texte

1 - **Je sélectionne les articles intéressants dans la table des matières**, lorsqu'elle existe. Si les textes ne me concernent pas, inutile de les lire.

2 - **Je parcours les titres et les sous-titres**. Si un titre et ses sous-titres m'intéressent :
- je regarde les illustrations,
- je lis les légendes,
- je lis ensuite le début du texte en caractères gras, appelé "chapeau",
- pour plus d'informations, je poursuis la lecture du texte.
- je le parcours en lecture rapide (voir fiche 72).

Dans un livre

1 - Pour un livre, je consulte la 4ème de couverture (dos du livre), **la table des matières, l'index**. D'après le contenu indiqué, je relève le numéro des pages, des chapitres qui m'intéressent.

2 - **Je pratique dans ces pages, la lecture rapide**, je lis :
- les titres, puis les sous-titres qui m'intéressent,
- les paragraphes qui me concernent,
- enfin, à l'intérieur de chacun de ces paragraphes, les phrases contenant les informations utiles.

3 - La lecture rapide ne s'applique pas à toutes les situations. Si l'on risque de m'interroger sur des détails, je lis le texte en entier, attentivement. Cependant, j'en prends d'abord globalement connaissance par la lecture rapide.

JE COMPRENDS CE QUE JE LIS

FAIT

Un bon lecteur doit pouvoir comprendre des textes de natures différentes. Pour le devenir, je développe les réflexes suivants.

Je lis sans hésiter

Je m'efforce d'appliquer les conseils de lecture suivants :

- lorsque je lis silencieusement, je ne bouge pas mes lèvres,
- je lis sans prononcer les syllabes les unes après les autres,
- je ne bute pas sur les mots inconnus : je n'hésite pas,
- lorsque je lis à haute voix, je mets l'intonation, **je respecte la ponctuation et les liaisons**.

Je reste actif en lisant

Pour être capable de comprendre ce que je lis, je ne me laisse pas porter par ma lecture. **J'essaie de garder les idées** :

- je fabrique dans ma tête des images avec ce que je lis,
- je me pose des questions : Qu'est-ce que l'auteur me dit ? Dans quel ordre ? Qui fait quoi ? Quand ? Pourquoi ? etc.,
  Exemple : Face à un texte qui aborde la violence urbaine, le vrai lecteur se demande : "Pourquoi la violence urbaine existe-t-elle ? Quelles en sont les conséquences, les solutions possibles ?"
- je pense aux questions que l'on peut me poser,
- je repère dans le texte les passages qui donnent les réponses,
- lorsque je ferme le livre, **je me demande ce qui s'est passé et ce que j'ai découvert**.

Les problèmes de vocabulaire

1 - C'est normal que je ne comprenne pas tout. Le vocabulaire se met en place dans mon cerveau progressivement, comme les briques d'une maison. Je dois être patient, cependant, je dois absolument rechercher et retenir le nouveau vocabulaire.

FAIT

2 - Lorsque je rencontre des mots que je ne comprends pas, cela m'arrive souvent, je les marque par une croix au crayon à papier dans la marge.

3 - Je poursuis ma lecture pendant quelques phrases. Souvent l'auteur reprend son idée sous une autre forme ou donne un exemple pour être mieux compris. **Grâce au contexte, je peux deviner le sens du mot** qui me posait problème. Dans le doute, je vérifie dans le dictionnaire.

4 - Je m'aide du lexique qui existe parfois à la fin du livre.

5 - Je cherche dans le dictionnaire les mots encore inconnus et je retiens la définition qui correspond le mieux au texte.

6 - Si ce problème de vocabulaire revient trop souvent dans le texte, j'arrête cette lecture et j'en choisi une autre, moins difficile.

Les problèmes culturels

Exemple : "L'Assemblée nationale met en cause la responsabilité du gouvernement par le vote d'une motion de censure" (extrait de la constitution).

La lecture est difficile lorsque je n'ai pas tous les éléments pour comprendre.

1 - Je ne choisis pas des lectures trop ardues qui pourraient me décourager. Je ne peux progresser que pas à pas, sans aller trop vite. Je choisis des lectures **à ma portée**, sans me complexer pour cela.

2 - Cependant, si le sujet me passionne, je demande à un adulte de m'expliquer le texte difficile, c'est son rôle.

FAIT

3 - Plus tard, je pourrai même aller plus loin que les mots du texte pour comprendre la pensée de l'auteur. Je pourrai me mettre à sa place, comprendre ce qu'il ne dit pas mais sous-entend, pensant que son lecteur possède dans sa tête les mêmes informations que lui.

Les phrases difficiles à comprendre

1 - Les phrases longues ou compliquées par leur tournure freinent ma lecture.

Exemple : "Pour apprendre il faut croire en ses propres possibilités, en ses facultés manuelles ou intellectuelles : le cerveau ne se construit que s'il le désire et comme il l'entend ; pour qu'elles s'épanouissent il faut avoir confiance en elles."

2 - Pour comprendre le passage difficile, je le relis en me posant des questions sur sa construction : Quel est le sujet ? Quels sont les compléments ? etc.

3 - Je découpe la phrase pour la remettre dans un ordre plus compréhensible.

4 - Si tout le texte est dans l'ensemble difficile à lire, je demande à quelqu'un de me l'expliquer ou je le laisse.

72 LECTURE

JE LIS VITE POUR MIEUX LIRE

FAIT

La vitesse de lecture n'est pas synonyme de bâclage, elle montre au contraire toutes les capacités du lecteur : **plus un lecteur lit rapidement, mieux il comprend et meilleur il est**.

Avantages de la lecture rapide

1 - La lecture rapide me procure trop d'avantages pour m'en dispenser :
- je passe moins de temps à rechercher ce qui m'intéresse,
- je comprend mieux ce que je lis,
- j'apprécie mieux ce que je lis,
- je m'ennuie moins,
- je ne suis plus distrait,
- je me fatigue moins, la vue en particulier,
- je développe mon esprit de synthèse et ma vivacité intellectuelle.

2 - Je pratique la lecture rapide, plus pour rechercher des informations que pour la lecture plaisir.

Je ne traîne pas sur mes lectures

Acquérir de la vitesse repose sur une longue pratique et sur l'application de certaines règles :

1 - **Je ne traîne pas** sur les lectures dans lesquelles je recherche des informations : je me donne **un temps limité** pour les lire. Pour cela, je surveille ma montre.

2 - **Je ne prononce pas les mots**, ni à haute voix, ni à voix basse, ni même intérieurement. Pour savoir si j'ai une tendance à le faire, je place un doigt sur ma gorge en lisant, rien ne doit vibrer. Si c'est le cas, je m'efforce progressivement de ne rien prononcer, jusqu'à ce que je ne sente rien sous mon doigt.

FAIT

3 - J'arrête rarement ma lecture pour revenir en arrière. Lorsque je ne comprends pas, **j'essaie de trouver les explications dans les passages suivants du livre ou du texte.**

Je ne lis pas mot à mot

Comment lire sans regarder tous les mots ? En devinant les mots non lus. Notre mémoire est fabuleuse, elle est capable en lisant une phrase de **repérer quelques mots et d'imaginer les autres**.

1 - Je **repère bien le début de chaque paragraphe**. Souvent l'idée principale y figure.
Exemple : page précédente, dans les 2 derniers paragraphes "Je ne traîne pas", "Je ne prononce pas".

2 - Je **repère aussi le début des phrases**, grâce aux points et majuscules. Je ne lis que ce début ou que la fin.
Exemple : page précédente, dans l'avant dernier paragraphe "Je ne traîne pas"... "Je surveille ma montre".

3 - **Je lis un mot sur quatre**. J'essaie d'élargir le champ de ce que perçoit mon œil. J'arrive à deviner quand même le sens de la phrase.
Exemple : dans cette phrase : "mot sur quatre", "élargir", "deviner".

4 - En lisant vite, **je n'oublie pas ce qu'il y a auparavant**. Je lis rapidement, **en gardant un sens**, une cohérence à ma lecture.

5 - Si vraiment je ne comprends pas, je recommence ma lecture.

6 - **Je m'entraîne sur des textes courts**, en descendant une feuille de papier sur le texte, ligne par ligne, de plus en plus vite. Grâce à cette gymnastique de l'œil, je peux lire des paragraphes de plus en plus longs, sans passer par le mot à mot.

73 LECTURE

JE COMPOSE UNE FICHE DE LECTURE

FAIT

1 - Une fiche de lecture me permet de garder des traces de mes lectures et de les structurer pour éventuellement les mémoriser.

2 - Je rédige la fiche toujours de la même manière, par exemple sur un bristol 21 x 15, côté recto uniquement.

En haut de la fiche

J'inscris les informations concernant le document :
- le titre,
- les nom et prénom de l'auteur, date de naissance et de décès,
- le nom de l'éditeur et la date de parution,
- le genre (conte, science-fiction, roman, etc.),
- les thèmes abordés : de quoi est-il question ?
- la référence du livre à la bibliothèque,
- la date à laquelle j'ai lu le livre.

Au centre de la fiche

Je rédige un résumé de ce que j'ai lu, où figurent :
- pour un roman : une présentation des personnages, des événements, leurs relations : qui raconte ? Sur qui ? Sur quoi ? Où se déroule l'action ? Quand ? Que se passe-t-il ? Traits physiques et psychologiques…,
- pour un texte : les idées importantes de l'auteur.

En bas de la fiche

Je n'hésite pas à indiquer :
- **mes impressions** : est-ce que j'ai aimé le livre ? Pourquoi ?
- éventuellement, je recopie quelques phrases, citations, idées intéressantes…, avec la référence des pages,
- je recopie quelques termes nouveaux avec leur définition.

JE SAIS ME DOCUMENTER

OBJECTIF 10

Coche ci-dessous les avis que tu exprimes parfois. Puis, découvre dans les pages suivantes les conseils qui s'y rapportent.

- [ ] J'ai souvent du mal à savoir ce qu'il faut chercher.
- [ ] Je suis perdu au CDI.
- [ ] Je passe beaucoup de temps à chercher un livre en bibliothèque.
- [ ] Je ne sais pas me servir des ordinateurs du CDI.
- [ ] Il m'arrive d'avoir trop de documents pour un sujet.
- [ ] Constituer des dossiers n'a aucun intérêt.
- [ ] Je n'utilise pas mes livres de classe.
- [ ] J'ai du mal à m'y retrouver dans les livres.
- [ ] Mes parents n'ont pas de livre.
- [ ] Les mots importants sont difficiles à trouver.
- [ ] Je n'ai pas le temps de chercher.
- [ ] Trouver les bonnes informations sur internet, c'est trop compliqué.
- [ ] Je ne sais pas où chercher des informations.
- [ ] Dans ce que j'ai trouvé, je ne sais pas ce qu'il faut garder.
- [ ] Je ne sais pas ce qu'il faut faire avec ce que je trouve.
- [ ] Je ne sais pas comment associer entre elles des informations.
- [ ] C'est long de chercher dans le dictionnaire.
- [ ] J'aime mieux demander à mes parents que de chercher seul.

74 LA DOC.

AVANT DE ME DOCUMENTER

FAIT

Je précise mon sujet

1 - Préciser le sujet me permet :
- de ne pas être hors-sujet,
- de limiter mes recherches au strict nécessaire,
- d'effectuer plus facilement le tri des informations,
- d'établir plus aisément un plan personnel.

2 - **Je me demande ce qu'il faut rechercher**. Je définis bien l'objet de ma recherche : éventuellement, **je dégage le ou les problèmes** à résoudre.

3 - En cas de doute persistant sur mon sujet de recherche, je demande à mon professeur ou à mes parents des précisions avant d'approfondir.

4 - Je reprends l'énoncé et le transforme en une ou plusieurs questions qui permettent de répondre au sujet.

Exemple : Le sujet "La faim dans le monde" entraîne les questions : Qu'est ce que la faim ? Où se fait-elle sentir ? Pourquoi la faim existe-t-elle ?

5 - En m'appuyant sur les questions précédentes, **je détermine les mots-clés**, à partir desquels s'effectue ma recherche (voir fiche 54). Dans l'exemple précédent les pistes trouvées, grâce au dictionnaire et à l'encyclopédie, sont : sous-alimentation, sous-développement, tiers-monde, quart-monde.

6 - Je prends soin de bien orthographier les mots-clés, sinon je ne trouverai rien.

7 - Je consulte ensuite des documents simples qui me donnent une idée générale du sujet.

FAIT

8 - Je consulte mes livres disponibles, livres scolaires ou autres.

9 - Je complète ma recherche sur la signification du sujet en consultant les encyclopédies. Pour cela, je cherche dans la table des matières ou dans les index, les mots-clés de mon sujet.

Je règle les problèmes matériels

1 - Je sais **pour quelle date** rechercher l'information. **Je planifie**, en fonction de cette date d'utilisation, **ma recherche sur mon agenda** et **ma grille de répartition hebdomadaire**.

2 - Pour qui rechercher l'information ? J'approfondis plus ou moins mes recherches en fonction de ce que le destinataire attend, quelques grandes idées ou une information plus détaillée.

3 - Où chercher l'information : à la maison, au centre de documentation, dans les bibliothèques, auprès de mes camarades ?

4 - Sur quels supports trouver l'information : manuels, dictionnaires, encyclopédies, le Quid, livres, revues, dossiers, cassettes, ordinateurs ? Souvent, je dois chercher sur plusieurs supports, par exemple un livre et un atlas pour de la géographie.

5 - Qui peut m'aider dans mes recherches : documentaliste, camarades, professeurs, parents ?

MES SOURCES D'INFORMATION

FAIT

Mes sources d'information sont nombreuses

1 - J'ai à ma disposition plusieurs sources d'information :
- mes manuels, les dictionnaires et encyclopédies,
- internet et ses moteurs de recherche,
- les livres, revues, journaux, documents ou ouvrages au CDI ou à la maison,
- les guides de voyage ou autres guides,
- les bibliothèques comme les bibliothèques municipales,
- les institutions publiques comme la mairie ou les archives,
- les institutions privées : chambres de commerce, entreprises…,
- le syndicat d'initiative,
- les librairies, etc.

2 - Je n'hésite pas à utiliser **le CDI, c'est le lieu idéal pour trouver les informations** dont j'ai besoin : mon premier réflexe est de m'y rendre.

3 - Sont disponibles généralement au CDI :
- des DVD,
- des ouvrages de référence, dictionnaires, encyclopédies, Quid…,
- différentes collections de manuels scolaires. Elles me sont utiles pour compléter les informations de mes propres manuels,
- des romans et autres productions littéraires, philosophiques ou autres,
- de nombreuses collections de revues ou de journaux,
- des productions audiovisuelles, comme des cassettes audio et vidéo,
- des dossiers documentaires, rangés selon l'ordre des sujets traités. Ces **dossiers** peuvent être pour moi une mine d'informations.

J'UTILISE MES MANUELS

FAIT

Mes manuels sont mes principaux outils : je sais m'en servir.

J'utilise souvent mes manuels

J'utilise mes manuels pour :
- trouver des solutions pour mes exercices ou des idées pour mes devoirs,
- comprendre et apprendre mes cours,
- rechercher des informations pour mes exposés.

Je sais rechercher des informations

1 - Pour gagner beaucoup de temps, je commence par consulter la table des matières ou le sommaire.

2 - Je cherche aussi dans l'index alphabétique, le lexique.

3 - Pour aller plus vite, j'ai repéré une fois pour toutes les caractéristiques visuelles de mon livre, sa mise en page :
- les couleurs utilisées,
- les tailles de caractères, les traits,
- les retraits et alignements,
- les illustrations et leur légende…

Chaque caractéristique a une signification précise qui m'aide à mieux m'y retrouver.

4 - Lorsqu'ils existent, **j'utilise les résumés**. Grâce à eux, je sais ce qui est essentiel.

77 LA DOC.

J'UTILISE LE DICTIONNAIRE

FAIT

1 - Le dictionnaire me permet de :
- recenser les mots d'une langue pour m'en donner une définition,
- connaître l'orthographe d'un mot,
- découvrir des informations grammaticales pour utiliser ce mot,
- obtenir les différents sens d'un mot et ses différents emplois,
- trouver des synonymes,
- éventuellement, recevoir des informations sur les noms propres.

2 - Je suis conscient que le dictionnaire me permet d'enrichir :
- mon vocabulaire,
- ma connaissance de la langue,
- ma culture.

Je peux, en l'utilisant :
- **comprendre ce que je lis** ,
- améliorer mon expression écrite et orale.

3 - J'ai observé comment est organisé dans mon dictionnaire un article, c'est-à-dire toutes les informations concernant un mot. J'ai trouvé successivement à la suite du mot :
- l'écriture phonétique,
- sa catégorie grammaticale,
- son origine,
- les différents sens de ce mot (sens propre et sens figuré),
- des exemples,
- des synonymes,
- des sens contraires,
- éventuellement, des citations.

4 - Pour connaître les abréviations utilisées, je me reporte au début du dictionnaire.

FAIT

5 - **Pour effectuer une recherche, je n'oublie pas d'utiliser les mots-repères figurant bien en évidence en haut de chaque page**. Je navigue d'avant en arrière en fonction de ces mots-repères.

6 - Parfois un mot a plusieurs sens. Pour choisir le sens qui convient, je lis l'article en entier. Éventuellement, je remplace le mot dans la phrase où il est employé par un des synonymes proposés par le dictionnaire :

Exemple : "Cet homme avait la main légère". Le terme légère ne signifie pas que la main avait peu de poids. Je retiens plutôt un des synonymes proposés ensuite : leste, vif "Cet homme avait la main leste" (sous-entendu, prête à frapper).

7 - Si je ne suis pas satisfait de ma recherche, je n'hésite pas à consulter plusieurs dictionnaires, ils peuvent se compléter.

8 - Je n'oublie pas qu'il existe plusieurs sortes de dictionnaires :
- les dictionnaires de langues (français, anglais...),
- les dictionnaires encyclopédiques,
- les dictionnaires des synonymes, des idées, des citations...,
- les dictionnaires thématiques consacrés à la peinture, la philosophie, la psychologie, etc.

78 LA DOC.

J'UTILISE L'ENCYCLOPÉDIE ET LES AUTRES SUPPORTS

FAIT

J'effectue mes recherches en allant **du général au particulier**.

L'encyclopédie

1 - L'encyclopédie est un recueil où sont abordées toutes les connaissances. Son but est d'effectuer le point sur un sujet donné, par exemple, plusieurs pages peuvent être consacrées aux climats. L'ordre de présentation est soit alphabétique, soit méthodique (par sujet). Seuls les thèmes les plus importants sont traités.

2 - Pour chercher, je m'aide des différentes **tables des matières** ainsi que des **index**, en particulier celui des sujets abordés.

3 - Certains sujets peuvent figurer dans plusieurs rubriques, je consulte alors les renvois indiqués.

4 - Je consulte également les encyclopédies sur internet, telle que Wikipédia

Les autres outils

1 - Je consulte :

- **le Quid**, le dernier paru de préférence,
- **le dictionnaire des synonymes**, pour éviter les répétitions, il m'indique les termes de même sens ou de sens voisins,
- **un atlas** géographique pour situer un pays, une ville ou encore un fleuve, etc.,
- un atlas historique pour m'indiquer les lieux où se sont déroulés les événements et connaître aussi les situations ou évolutions démographiques, économiques, etc.,
- **la presse** spécialisée, en particulier la presse économique.

2 - Pour utiliser les atlas, j'effectue d'abord des recherches dans le sommaire. Je déchiffre la légende de l'illustration choisie. Ensuite, je repère les grandes lignes du document avant de passer aux détails.

JE CONNAIS LES OUTILS D'INTERNET

FAIT

Les ressources d'Internet sont phénoménales.

1 - J'utilise internet pour trouver : des documents, des informations d'actualité, des données statistiques, des images, du son, des films…

2 - Pour accéder rapidement à l'information désirée, j'apprends à connaître les différents outils de recherche.

Un annuaire

C'est une base de données sur des sites ou sur des thèmes spécifiques. Exemples : l'éducation, le sport… L'annuaire classe les meilleurs sites en rubriques et sous-rubriques. **Yahoo**, **Nomade** sont des annuaires.

1 - J'utilise les annuaires **pour des recherches thématiques**, **des sujets d'ordre général**.

2 - Je préfère explorer des thèmes plutôt que de visiter nombreux sites au hasard.

Un moteur ou robot

C'est une base de données énorme, efficace pour des questions ou **des sujets précis**. Exemple : "Les pouvoirs du Président de la République". **Google**, **Voilà**, **Altavista** sont des moteurs de recherche.

1 - J'effectue ma requête à l'aide de mots-clés précis (voir fiche 80).

Un répertoire

Il est organisé sous forme de **banques de données ou de listes alphabétiques**. Par exemple, **www.ulb.ac.be/ceese/meta/cdsfr.html** fournit une sélection des meilleurs sites concernant l'environnement.

1 - J'interroge le répertoire par l'intermédiaire d'un index alphabétique se trouvant sur ce répertoire.

JE RECHERCHE SUR INTERNET AVEC PLUSIEURS MOTS-CLÉS

FAIT

Si le sujet de recherche possède plusieurs mots-clés, par exemple "Le chômage en France", trois possibilités s'offrent à moi :

1 - Les documents communs aux deux sujets "chômage" et "France" se retrouvent lorsque je tape entre les deux mots-clés le terme ET.

Exemple : "chômage ET France". J'ai alors les références de tous les documents concernant le chômage en France.

Le terme ET restreint ma recherche aux deux termes associés.

2 - Je peux vouloir aussi rechercher tout ce qui touche le chômage, excepté celui qui concerne la France. Je tape entre les deux mots-clés le terme SAUF.

Exemple : "chômage SAUF France". J'ai alors les références de tous les documents concernant le chômage en dehors de la France.

Le terme SAUF élimine de ma recherche un terme.

3 - Je peux souhaiter enfin accéder aux documents qui traitent d'une part du chômage et d'autre part des professions. Je tape entre les deux mots-clés le terme OU.

Exemple : "chômage OU professions". J'ai alors les références de tous les documents concernant le chômage et de tous les documents concernant les professions. Ces documents n'ont pas de rapport automatique entre eux.

Le terme OU élargit ma recherche aux deux termes pris séparément.

JE RECHERCHE SUR INTERNET GRÂCE A LA SYNTAXE

1 - **Pour rechercher une expression, une citation, un titre, un personnage**, par exemple des documents concernant “la limitation de vitesse”, je tape : “la limitation de vitesse”, **les guillemets** permettront d’effectuer une recherche sur toute l’expression.

2 - **Pour imposer un terme** : je cherche par exemple des documents concernant “les œufs de Pâques”, je tape : +œufs +Pâques (le **signe + est collé à gauche** des termes).

3 - **Pour exclure un terme** : exemple, pour trouver des informations concernant “Pâques, en dehors des œufs de Pâques”, je tape : +Pâques -œufs (le **signe - doit être précédé d’un espace**).

Remarques : Certains moteurs admettent les conventions suivantes :

- **Pour chercher des termes proches l’un de l’autre**, exemple pour chercher des documents concernant “la sécurité dans les transports”, tapez : sécurité **NEAR** transport, le mot sécurité sera proche du mot transport.

- **Pour chercher des termes dans un ordre donné**, vous cherchez des documents concernant “la sécurité automobile”, tapez : sécurité **FOLLOWED BY** automobile, le mot sécurité sera suivi du motautomobile.

- **Pour rechercher des variantes d’un terme ou pour remplacer des caractères** : exemple, vous cherchez des documents concernant l’alcoolisme, tapez : alcool*, **le symbole * accolé sert de troncature**, c’est-à-dire qu’il remplace ce qui suit la dernière lettre (alcoolisme, alcoolique).

Chaque outil a sa propre syntaxe, en cas de doute, **consultez l’aide** proposée avant d’effectuer votre requête. **Evitez, en particulier, les lettres accentuées**, souvent ignorées par les moteurs ou les annuaires.

JE SAIS UTILISER MON CDI

FAIT

1 - **Je me fais expliquer**, au moins une fois, **comment sont classés les documents**, soit par mon professeur, soit par le documentaliste.

2 - Une **fréquentation régulière du CDI** me permet de :
- connaître les heures d'ouverture,
- m'y retrouver dans les différents rayonnages et différents fichiers,
- savoir effectuer une recherche manuelle ou informatique,
- savoir quels types de documents je peux emprunter,
- connaître les durées de prêt et respecter les délais de restitution.

3 - Je respecte les règles de fonctionnement du CDI :
- évidemment, je n'abîme pas les documents empruntés,
- je remets au bon emplacement les documents que je manipule,
- je respecte mes voisins et parle à voix basse.

4 - Je sais que les documents du CDI sont classés selon un code décimal. Ce code (la Codification Décimale Universelle - CDU) est composé de chiffres et de lettres :
- les lettres correspondent aux premières lettres du nom de l'auteur,
- les chiffres représentent chacun une catégorie de savoir, chaque catégorie est elle-même divisée en dix parties, les divisions peuvent s'effectuer ensuite autant de fois que nécessaire.

5 - La référence de chaque livre s'appelle la cote du livre. Elle figure au dos du livre ou en bas. **Les livres sont rangés en fonction de leur cote**.

JE SAIS UTILISER LES FICHIERS INFORMATISÉS DU CDI

FAIT

Pour rechercher sur les fichier informatisés du CDI, j'utilise tous les conseils donnés dans la fiche 80 (la recherche sur internet avec plusieurs mots-clés).

1 - En fonction de mes critères de recherche, je sélectionne à l'écran la rubrique souhaitée : soit "titres", soit "auteurs", soit "descripteurs" (mots-clés).

Exemple : pour rechercher des documents sur "Le chômage", je sélectionne la rubrique "descripteurs" et je tape les mots-clés "chômage", "emploi".

2 - Je tape le nom de l'auteur ou le titre ou les mots-clés et je valide. Je vois apparaître une ou plusieurs notices, avec les références du ou des documents ou ouvrages recherchés, et un résumé du contenu pour chaque document.

3 - **Je lis alors très attentivement les résumés des notices** pour savoir ce qui correspond vraiment à ma recherche.

4 - Je prends note des notices sélectionnées ou éventuellement je les imprime.

5 - **Tout ne figure pas uniquement dans un document. Je ne dois pas m'arrêter au premier texte trouvé**, j'approfondis mes recherches pour effectuer le tour du sujet.

6 - À l'aide des cotes relevées, je me procure alors dans les rayonnages les documents sélectionnés.

84 LA DOC.

JE SÉLECTIONNE LES BONS DOCUMENTS

FAIT

La sélection des documents

1 - J'effectue une première sélection de documents à partir des sites internet ou des **résumés de notices** de l'ordinateur du CDI.

2 - **Je ne garde que les documents les plus importants**, c'est-à-dire :
- ceux qui font le plus possible le tour de la question,
- ou ceux qui traitent, au minimum, une partie de la question,
- les plus fiables : de préférence ceux des sites officiels,
- les plus récents : j'élimine les documents périmés.

3 - Dans les documents que je suis allé chercher en rayon au CDI :
- je lis la dernière page de couverture et la table des matières pour savoir s'ils m'intéressent.
- j'élimine ensuite ceux que je trouve trop difficiles à lire. Je centre mes recherches sur ceux que je comprends.

La prise de notes

1 - Pour ne pas avoir à relire, j'évite d'imprimer ou de photocopier les documents. Je note au fur et à mesure les informations utiles et les citations intéressantes.

2 - Ces **notes sont prises de manière résumée**, avec mon propre vocabulaire, sur de grandes feuilles de classeur, par thème.

3 - Afin de pouvoir retrouver facilement les documents consultés, je note aussi leurs références (adresse URL (adresse internet), titre, auteur, éditeur, année, cote à la bibliothèque et les pages intéressantes).

4 - Je range soigneusement ces notes dans le classeur concerné.

JE RÉUSSIS MES EXPOSÉS

OBJECTIF 11

Coche ci-dessous les avis que tu exprimes parfois. Puis, découvre dans les pages suivantes les conseils qui s'y rapportent.

- J'ai horreur des exposés. ☐
- Préparer des exposés demande trop de temps. ☐
- Je n'aime pas lire mon exposé devant les autres. ☐
- Je n'arriverai jamais à intéresser les autres. ☐
- Je ne sais jamais quel sujet d'exposé choisir. ☐
- Je n'aime pas travailler à plusieurs, on perd son temps. ☐
- Je ne suis pas sûr de trouver des documents pour mon exposé. ☐
- Je ne sais pas qui regarder quand je fais un exposé. ☐
- J'ai souvent du mal à préciser le sujet. ☐
- Je n'ose pas prendre la parole. ☐
- Je n'ai pas envie de me faire remarquer par les autres. ☐
- Ce n'est pas à nous de faire le cours. ☐
- Je n'arrive pas trouver des idées pour les exposés. ☐
- Je ne sais pas où trouver les documents. ☐
- Je ne m'y retrouve pas au C.D.I. ☐
- Je n'ose pas demander des documents au C.D.I. ☐
- Pour réussir les exposés, il suffit de recopier les articles. ☐
- Tout le monde s'ennuie pendant les exposés. ☐
- Les exposés ne sont jamais clairs. ☐
- On n'entend jamais rien pendant les exposés. ☐
- Ce qui est dit pendant les exposés, on le sait déjà. ☐

85 EXPOSÉS

JE PRÉPARE MES EXPOSÉS ASSEZ TÔT

FAIT

L'exposé est un exercice difficile mais **très formateur**.

Les exposés m'intéressent

1 - Plusieurs raisons font que **je suis volontaire** pour les exposés :
- je choisis moi-même le sujet, j'ai donc des chances d'obtenir une bonne note,
- j'ai l'occasion d'approfondir un sujet qui me plaît,
- je peux dire ce que je veux,
- j'ai le temps de les préparer,
- j'aime bien parler en public, même si au début cela est difficile.

En fait, j'aime bien que l'on s'intéresse à moi.

2 - Je choisis un **sujet qui m'intéresse**, à partir des manuels ou en parcourant les journaux et les revues.

Je prépare mon exposé assez tôt

Pour ne pas être pris par le temps :
- je prévois au moins trois semaines de préparation,
- **je planifie**, sur mon agenda et ma grille de répartition, les différentes étapes de la réalisation,
- j'ai noté les différents horaires d'ouverture des bibliothèques.

Je trouve toujours des informations

J'ai le choix pour trouver des informations. Je peux chercher :
- au C. D.I., dans les bibliothèques et autres organismes (fiche 75),
- parfois près de ma famille (parents, frères et sœurs…),
- en demandant aux camarades,
- éventuellement, auprès de mes professeurs.

LE PRÉPARATION DE L'EXPOSÉ CHEZ MOI

FAIT

La rédaction de mon exposé

1 - Une fois la documentation recherchée et les idées rassemblées (voir objectif 10 et fiche 57), je construis mon plan selon les mêmes principes que pour les devoirs écrits (voir fiche 58).

2 - Pour être sûr de bien démarrer et de bien conclure, je rédige soigneusement introduction et conclusion. La conclusion se termine par une question afin de lancer un débat dans la classe.

3 - **Je ne suis pas obligé de rédiger complètement le texte de mon exposé**, je peux noter **le plan uniquement**, avec ses grandes idées sous forme de mots-clés. Je l'écris sur de grandes feuilles, une ou plusieurs feuilles par partie. Je numérote bien ces feuilles.

4 - Évidemment, j'ai pris soin de vérifier dans le dictionnaire la signification des termes nouveaux. **J'essaie d'être clair, simple**. Mon travail est destiné aux autres, chacun doit me comprendre.

La présentation de mes feuilles d'exposé

1 - Mes feuilles de préparation sont claires :
- écriture lisible, noms propres en capitales, idées séparées, etc.,
- je surligne les grandes parties du plan,
- j'indique très lisiblement ce que je dois lire : numéros de pages des livres, citations, statistiques, légendes ou références des documents utilisés, etc. Je le surligne d'une autre couleur.

2 - Je m'entraîne ensuite en lisant seul, lentement, à haute voix ce que j'ai écrit, comme je le ferai devant mes camarades.

3 - Je prends soin de me chronométrer sur chaque partie. Je garde du temps pour répondre aux questions ; si je suis trop long, je supprime quelques idées moins importantes et inversement.

L'EXPOSÉ DEVANT LA CLASSE

FAIT

Avant l'exposé

1 - Je note **au tableau le plan**, pour que chacun suive bien.

2 - Sur le bureau, j'ai sous les yeux :
- ma montre pour ne pas déborder du temps prévu,
- mon introduction et mon plan très détaillé,
- les documents ou polycopiés dans l'ordre prévu pour les lire, chacun étant numéroté pour le retrouver.

3 - Avant de commencer, j'expire profondément, puis inspire profondément. Éventuellement, je pratique la relaxation (fiche 23).

Pendant l'exposé

1 - Au fur et à mesure de l'avancement de l'exposé, je barre au tableau les parties traitées.

2 - Je distribue, au moment de leur utilisation, les documents polycopiés, par exemple une carte.

3 - **Mon exposé doit rester vivant**, je donne l'impression d'avoir mon texte en mémoire :
- je ne lis pas mot à mot mes notes,
- je suis du regard les mots-clés,
- je regarde la classe le plus souvent possible.

4 - J'utilise tous les mots-clés figurant sur mes feuilles.

5 - Je regarde très calmement la classe, sans fixer quelqu'un en particulier. Mon regard balaie successivement toutes les parties de la classe.

FAIT

6 - Pour que l'on me comprenne bien :
- j'articule,
- je parle assez fort,
- je ne me précipite pas ; devant un groupe, je parle toujours un peu plus lentement que d'habitude.

7 - Par mes **intonations**, **j'insiste sur ce qui est important**.

8 - Je n'hésite pas à faire quelques pauses brèves pour casser la monotonie, j'en profite pour bien respirer et me détendre.

9 - Je prends bien soin d'indiquer régulièrement où j'en suis dans mon plan. **Je répète** même au cours de l'exposé, de temps en temps, les **grandes idées**.

10 - Je n'oublie pas :
- ma conclusion,
- et, si cela est prévu, de poser la question pour lancer le débat.

LES EXPOSÉS DE GROUPE

FAIT

Outre la fiche 32 *(Je travaille en groupe)*, je respecte les conseils spécifiques aux exposés de groupe.

Nous nous répartissons le travail

1 - Nous recherchons ensemble les mots-clés de notre sujet.

2 - Chacun prend en charge une partie des mots-clés et chacun, à partir de ces mots-clés :
- recherche et sélectionne des documents,
- trie les idées importantes.

3 - Ayant nos différentes idées, nous recherchons en groupe le plan d'ensemble de l'exposé.

4 - Nous nous répartissons la préparation des parties, **chacun prépare la partie du plan qu'il exposera**.

5 - Pour éviter toute improvisation, nous répétons ensemble la lecture de l'exposé, comme nous le ferons devant nos camarades et nous nous chronométrons.

6 - Nous modifions éventuellement le plan, si nous constatons des répétitions ou des incohérences.

JE RÉUSSIS EN LANGUES

OBJECTIF 12

Coche ci-dessous les avis que tu exprimes parfois. Puis, découvre dans les pages suivantes les conseils qui s'y rapportent.

- Je n'aime pas prendre la parole en langue. ☐
- J'ai des problèmes de vocabulaire. ☐
- Je ne sais pas comment progresser en langue. ☐
- Je n'irai pas à l'étranger si je ne sais pas bien parler d'abord. ☐
- Je ne note rien sur mon livre, je dois le rendre. ☐
- J'ai horreur des exercices en langue. ☐
- C'est la prononciation qui est le plus difficile en langue. ☐
- Je fais trop de fautes de grammaire. ☐
- Je ne comprends pas tout sur les DVD en version originale. ☐
- Je m'ennuie pendant les cours de langue. ☐
- J'aimerais bien connaître à fond l'anglais pour surfer sur internet. ☐
- En langue, j'aime bien l'écrit mais j'ai horreur de l'oral. ☐
- Je ne sais pas comment travailler seul les cours de langue. ☐
- Il y a trop de choses que je ne comprends pas en langue. ☐
- Je ne sais pas comment retenir tout le vocabulaire. ☐
- Je n'aime pas me servir du dictionnaire. ☐
- Le plus dur c'est la grammaire, j'oublie toujours les règles. ☐
- Je me fais piéger par les faux amis. ☐
- Je suis nul, et pourtant je travaille en langue. ☐
- Je n'aime pas les contrôles en langue. ☐
- Je voudrais prendre la parole, mais j'ai peur de la réaction des autres. ☐
- J'aimerais bien avoir un correspondant. ☐

89 LANGUE

LES COURS DE LANGUES

FAIT

1 - J'écoute attentivement la prononciation et les tournures de phrases.

2 - Les cours de langues sont l'occasion de m'entraîner, **j'interviens le plus possible** :
- je m'habitue à m'exprimer par oral ou à rédiger,
- mon professeur peut alors me corriger,
- je réponds aux questions posées par des phrases développées.

3 - Je pense à **utiliser le vocabulaire et les structures grammaticales** étudiées : je les teste.

4 - Pendant ces moments privilégiés, je pense constamment dans la langue étudiée et m'imprègne de la civilisation concernée.

5 - Je repère ce que je ne comprends pas et signale mes difficultés : je les comble au fur et à mesure.

6 - Je note sur différentes fiches (insérées dans des classeurs distincts) :
- le nouveau vocabulaire,
- les structures grammaticales difficiles,
- les défauts relevés dans mes devoirs.

7 - Pour renforcer la mémorisation des structures de la langue :
- je refais les exercices en prononçant ce que j'écris,
- je relis aussi les textes et les bonnes réponses aux questions.

8 - Je garde mes travaux écrits, pour suivre mes progrès.

MES OUTILS POUR RÉUSSIR EN LANGUES

FAIT

Des investissements rentables

1 - Je peux acheter :
- **une bonne grammaire**, j'aurai toujours besoin de revoir certaines notions, mon investissement me profitera longtemps,
- des DVD avec livrets. Il existe de bonnes méthodes qui ont fait leurs preuves.

2 - Je peux aussi m'enregistrer pour m'écouter et comparer. Je recommence tant que ma prononciation reste défaillante.

Le dictionnaire de langue

1 - J'achète un dictionnaire :
- adapté à mon niveau, **je demande conseil à mon professeur**,
- récent, car les mots évoluent,
- dont la typographie est claire, pour en faciliter la lecture.

2 - Avant de rechercher un terme dans le dictionnaire, j'essaie de **trouver sa signification d'après son contexte**. Je me méfie des faux amis.

3 - En cas d'échec, je vérifie dans le dictionnaire la signification de ce terme, dans les deux langues ; d'une part en français et d'autre part dans l'autre langue. Cela m'évite de me tromper.

4 - **Je surligne dans le dictionnaire** chaque terme que j'ai trouvé ainsi :
- je le repère à nouveau facilement,
- et je le mémorise mieux.

5 - La définition du mot peut me donner aussi des idées pour rédiger.

91 LANGUE

JE TRAVAILLE LES LEÇONS DE LANGUES

FAIT

Pour m'assurer des bases solides, **je travaille régulièrement**.

Le soir même

1 - Je relis et vérifie sur mon cours :
- **le vocabulaire nouveau**, je possède sa traduction,
- les idées du cours, elles sont claires,
- **les expressions et constructions nouvelles**, je les comprends.

2 - Je cherche les traductions manquantes dans le lexique du livre.

La veille du cours suivant

1 - Je connais toujours ma leçon précédente avant d'aller en cours.

2 - **Je relis à haute voix et répète ma leçon**.

3 - **Je recopie les mots nouveaux** plusieurs fois et me teste. Pour retenir les mots difficiles, j'écris chaque mot sur un morceau de bristol, avec la traduction sur l'autre face. Je les tire au sort.

4 - **J'apprends les nouvelles règles** de grammaire et effectue les exercices d'application.

5 - Lorsqu'il y a eu une projection pendant le cours précédent, je note ce qui est nouveau, en particulier le vocabulaire.

6 - Avant chaque devoir surveillé, je revois tout ce qui a été étudié, surtout le vocabulaire et la grammaire ; les répéter permet de les mémoriser.

JE MÉMORISE LE VOCABULAIRE DE LANGUES

FAIT

1 - La richesse de **mon vocabulaire conditionne la richesse de mes réponses** :
- il ne sert à rien d'avoir beaucoup d'idées ou d'arguments si je ne peux pas les exprimer,
- inversement, je ne saisirai pas toutes les données d'une conversation ou d'une lecture sans un minimum de vocabulaire.

Posséder les 2 500 mots nécessaires est affaire de méthode.

2 - Je tiens un répertoire alphabétique de vocabulaire, sur un classeur pour l'enrichir facilement, ou mieux avec le tableur d'un ordinateur.

3 - Tenir le répertoire de vocabulaire n'est pas un but en soi ; je dois mémoriser son contenu. **Je dois être capable de réciter dans les deux langues mes listes de termes ou d'expressions**.

4 - C'est à moi seul de **détecter et de mémoriser le vocabulaire qui me fait défaut**, personne ne peut me remplacer.

5 - J'apprends et relis mon fichier de vocabulaire : je me teste régulièrement.

6 - Pour apprendre, je veille particulièrement à grouper mes termes, sans jamais dépasser cinq à sept mots à la suite :
- je groupe mes termes par affinités,
- je les prononce en les regardant puis en les écrivant.

7 - **J'utilise surtout, le plus tôt possible, le vocabulaire nouveau** que j'ai rencontré : c'est la meilleure façon de le mémoriser.

8 - Je peux considérer cette utilisation comme un jeu, un défi à surmonter.

OBJECTIF 13

JE RÉUSSIS LES MATIÈRES SCIENTIFIQUES

Coche ci-dessous les avis que tu exprimes parfois. Puis, découvre dans les pages suivantes les conseils qui s'y rapportent.

- ☐ Je suis nul dans certaines matières scientifiques.
- ☐ Je mélange tout.
- ☐ J'ai du mal à suivre en maths.
- ☐ Je fais trop d'erreurs bêtes.
- ☐ Je ne sais jamais comment faire pour trouver la solution.
- ☐ Je ne suis pas assez logique pour réussir.
- ☐ Le cours va trop vite.
- ☐ Je me trompe dans mes raisonnements.
- ☐ Je comprends la correction mais je suis incapable de la refaire ensuite.
- ☐ Je fais trop d'étourderies.
- ☐ Je ne cherche pas suffisamment.
- ☐ J'ai du mal à être clair dans mes explications.
- ☐ Je vais trop vite.
- ☐ Qu'est ce que veut dire réfléchir ?
- ☐ Je ne comprends pas toujours les questions.
- ☐ Je ne sais pas expliquer mes calculs.
- ☐ J'essaie de reproduire ce que l'on a fait, mais cela ne marche pas.
- ☐ J'ai peur des contrôles.
- ☐ Les devoirs à la maison sont trop nombreux.
- ☐ Je refais souvent les mêmes erreurs.
- ☐ Je ne sais pas ce qu'il faut apprendre.
- ☐ J'ai du mal à me concentrer pour chercher.

LES COURS

FAIT

Si je le peux, je consulte le livre avant le cours pour savoir de quoi il va être question, cela prépare ma mémorisation.

J'essaie de comprendre

1 - J'essaie de comprendre ce que je note. Pour **vérifier** si j'ai compris :
- je dois pouvoir répondre à la question "Pourquoi cette démarche, ce calcul ?",
- je traduis en français les propriétés énoncées en style mathématique,
- j'imagine que je les explique à un camarade qui ne connaît rien,
- je refais les enchaînements d'une expérience ou d'une démonstration,
- j'applique dans des exercices ce que j'ai appris,
- je peux désigner dans ces exercices les indices et les règles qui me permettent de les résoudre.

2 - Je rattache, au fur et à mesure, ce qui est dit à ce que je connais.

3 - Évidemment, si j'ai raté un cours je le rattrape, sinon je ne comprendrai rien aux cours suivants.

Je soigne la prise de notes

1 - Je note soigneusement mes cours car c'est l'outil de base de tout mon travail, sur plusieurs années parfois.

2 - Je me réfère constamment à mes cours :
- pour éclaircir des points obscurs du livre,
- pour retrouver des définitions, des théorèmes…,
- pour effectuer mes exercices.

3 - J'évite de laisser des erreurs dans ces cours. En cas de doute, je les compare avec ceux d'un camarade.

FAIT

4 - **Je reste constamment actif** :
- j'essaie d'anticiper pour : calculer, utiliser une démarche…,
- je pose des questions,
- je note les astuces pour résoudre certaines questions,
- éventuellement, **je surligne tout ce qui est à savoir par cœur**.

5 - Je note aussi des remarques personnelles :
- exemple : "ne pas confondre avec",
- ou un "?" en marge pour ce qui me pose problème.

Je suis attentif aux corrections

1 - Les corrections d'exercices, de problèmes et de devoirs sont les moments privilégiés pour analyser mes erreurs et progresser.

2 - **Je guette et je note** :
- **mes erreurs : le type (calcul, logique…), l'endroit, la cause**,
- **les connaissances manquantes, pourquoi ?**,
- **les indices et astuces pour trouver les solutions**.

3 - En marge de ma copie, j'indique toutes les remarques utiles, en particulier ce qui est à retravailler ou les calculs à refaire.

JE TRAVAILLE À LA MAISON

FAIT

Je sais que réussir en maths ou en sciences est le fruit d'une longue pratique. **Je ne me décourage pas, je travaille régulièrement**.

Je retrouve la structure du cours

1 - Je retravaille le cours de préférence le soir même. La mémoire a besoin d'être réactivée une fois de plus avant le sommeil.

2 - Je commence par essayer au brouillon de retrouver le contenu de mon cours (définitions, vocabulaire et techniques nouvelles), **sans regarder mes notes**.

3 - Je vérifie ensuite mes réponses par rapport à mon cours. Ainsi, j'ai bien en tête la manière dont le cours s'articule.

4 - Je souligne cette structure du cours.

Je questionne le cours

1 - Je relis le cours en essayant de le comprendre, c'est-à-dire que je le questionne sur sa logique :
- pourquoi telle formule, telle figure ?
- Comment faire telle démonstration, tel calcul ?
- J'effectue les liens avec ce que j'ai déjà appris.

2 - **Je joue au professeur** et j'essaie d'apporter moi-même des réponses, mais avec mes propres termes.

3 - Je peux, pour mieux comprendre mon cours, le réorganiser moi-même sur une fiche :
- je positionne au centre le titre,
- je place autour tous les éléments sous forme de mots-clés,
- je relie entre eux ces mots-clés par des liens logiques.

FAIT

J'écris

1 - Je complète éventuellement le cours avec mon livre.

2 - **J'annote mon cours en marge**, par exemple "exercice difficile". Cela facilite mes révisions, je sais que je dois y revenir.

3 - Je note les points qui posent problème, je demanderai des explications au cours suivant.

4 - Je refais, sans l'aide de mon cours, les démonstrations et les exercices faits en classe ou donnés à la maison.

J'arrive à comprendre

1 - Je confronte le cours avec le manuel.

2 - **Je m'arrête sur chaque nouvelle définition** ou nouvelle règle.

3 - **Je regarde les exemples** pour savoir :
- à quoi peut servir la nouvelle règle,
- quelles sont ses conditions d'application, ses limites.

4 - Je repère les indices qui déclenchent l'utilisation de la règle.

5 - Je procède ainsi pour toutes les étapes de la démonstration.

JE CORRIGE MES ÉTOURDERIES

FAIT

Je peux perdre bêtement des points à cause d'étourderies : je vérifie donc toujours mon travail.

Je vérifie mon brouillon

1 - Je me demande si mon résultat peut être possible, s'il a un sens.

2 - Je vérifie l'ordre de grandeur de mes résultats.

3 - Si mon résultat n'est pas possible, je reprends mon raisonnement et mes calculs.

Je vérifie ma copie

1 - Je barre sur le sujet, au fur et à mesure, les questions traitées.

2 - Je vérifie que toutes les questions sont barrées.

3 - Je vérifie et corrige :
- les incohérences,
- les signes, virgules, unités, calculs, indices, exposants,
- les lettres, chiffres ou signes mal formés,
- l'orthographe.

OBJECTIF 14

JE PROGRESSE

Coche ci-dessous les avis que tu exprimes parfois. Puis, découvre dans les pages suivantes les conseils qui s'y rapportent.

- ☐ Je me fiche de mes erreurs, c'est du passé.
- ☐ Pourquoi revenir sur ce qui est mauvais ?
- ☐ Le prof a ses têtes.
- ☐ J'en ai marre des sales notes.
- ☐ Je suis nul, je n'y peux rien.
- ☐ Pour être meilleur c'est facile, il suffit de travailler.
- ☐ Quand mon devoir est terminé, je le jette.
- ☐ Il y a des matières qui sont trop difficiles.
- ☐ Je n'arrive pas à faire mieux.
- ☐ À quoi ça sert de faire des interrogations ?
- ☐ Tout le monde me dit que je suis nul.
- ☐ Je recommence toujours les mêmes erreurs.
- ☐ Je fais mon travail, ça suffit.
- ☐ Je n'aime pas travailler.
- ☐ Je ne sais pas comment gagner des points.
- ☐ On fait trop de devoirs.
- ☐ Je ne sais pas où sont mes erreurs.
- ☐ Je ne comprends pas toujours les questions.
- ☐ On ferait mieux de faire cours plutôt que de passer du temps sur les corrections.
- ☐ Je comprends la correction, mais je n'y arrive pas lorsque je suis seul.

JE PEUX PROGRESSER

FAIT

Je connais les règles du jeu

1 - Je considère le collège comme un jeu ou un sport. Chaque année scolaire est une partie que je dois gagner.

2 - Je sais que je dois :
- obtenir des notes correctes ou bonnes selon les disciplines,
- passer dans la classe supérieure pour mener à bien mon projet,
- développer les aptitudes dont j'ai besoin pour mon projet.

3 - **À chaque devoir, je fais le point** :
- je me situe par rapport aux autres,
- je constate les progrès réalisés et ceux qu'il me reste à effectuer.

4 - Comme les champions sportifs, **je m'entraîne régulièrement** pour améliorer mes performances… et j'y arrive.

5 - Si j'ai réussi un devoir, je ne néglige pas les contrôles suivants. Je ne relâche pas mes efforts, je dois me maintenir à mon niveau.

J'ai un moral de vainqueur

Le défi à surmonter dans cette partie, ce sont mes points faibles.

1 - Je me dis que je suis capable d'améliorer mon score, de faire face à mes difficultés. Je ne vois que le côté positif d'une situation.

2 - Je suis courageux et patient. **Je sais qu'il faut du temps pour progresser**. Je ne ménage pas mes efforts : **la seule chose qui compte pour moi est de parvenir au résultat**. En partant gagnant, en ayant confiance en mon travail, j'ai évidemment plus de chance de réussir qu'en partant vaincu !

97 PROGRÈS

MES MAUVAISES NOTES SONT UTILES

FAIT

J'avais travaillé et j'ai une mauvaise note : je suis déçu. Ma réaction est normale. Je me dis alors que cette mauvaise note n'est qu'une étape et même en réalité qu'un point de départ vers des notes meilleures.

Ce qui compte c'est de progresser

1 - Une mauvaise note ne veut pas dire que je suis un mauvais élève. Ce sont mes méthodes de travail qui sont mauvaises, ce sont elles qui doivent être changées.

2 - **J'ai le droit de ne pas réussir du premier coup. Ce qui compte c'est la note suivante, c'est de progresser**.

3 - Au lieu de me désoler sur une note décevante, je me demande plutôt quelle en est la cause. Il ne sert à rien de travailler si les résultats sont constamment décevants, s'ils ne s'améliorent pas.

Je suis très attentif lors des corrections

1 - **Mes devoirs me sont très utiles, je les garde**. **Je les regarde avant chaque nouveau contrôle**. Ils me permettent en effet de savoir :
- quel est mon niveau,
- où sont mes points faibles et pourquoi je n'ai pas réussi.

2 - Au moment de la correction je suis donc très attentif, ceci est fondamental. **Je considère les corrections comme les moments les plus importants de l'année**.

3 - Lorsque je ne comprends pas la correction sur ma copie, j'interroge mon professeur (je ne l'accuse pas de noter à la tête du client).

JE RECENSE MES ERREURS

FAIT

La démarche suivante est indispensable pour progresser.

1 - Je note, en marge de mon travail mes erreurs et pourquoi je les ai commises. Pour cela, **je m'aide de la correction.**

2 - Si je ne vois pas quelles sont mes erreurs ou quelles en sont les causes, je demande des explications au professeur.

3 - **Je recense surtout les erreurs tenant à mes méthodes** :
- la manière dont je m'organise,
- la compréhension des questions,
- le type de raisonnement que j'effectue.

C'est dans ce domaine que je peux progresser le plus, et très vite.

4 - Chez moi, **sur une fiche, je note ces points faibles** ainsi que la date du devoir. J'utilise une fiche par matière.

5 - Je note aussi mes points positifs, je pourrai les renouveler.

Exemple : début d'une fiche de défauts à éviter en maths :

MATHS - POINTS POSITIFS ET NÉGATIFS

<u>Devoir du 12/04</u> Note : 8/20
- bien présenté,
- travail trop rapide,
- erreur de calcul dans les parenthèses (j'aurais dû réfléchir, le résultat est impossible).

<u>Devoir du ...</u>

99 PROGRÈS

JE M'ENTRAÎNE POUR PROGRESSER

FAIT

Recenser ses défauts n'est pas suffisant, il faut les corriger. **Plus je m'entraîne, plus je réussis, comme les sportifs**.

Je prévois mes entraînements

1 - Je prévois mes entraînements :
- uniquement pour ce qui m'est difficile,
- même, et surtout, si je n'aime pas cette matière,
- à partir de ma fiche de défauts (voir fiche 98), je me fixe des objectifs précis à atteindre.

2 - Je note les dates de mes entraînements sur ma grille de répartition :
- assez courts, 30 minutes suffisent au début,
- plusieurs fois dans la même semaine, pour être efficace.

3 - Pour m'entraîner, j'utilise d'abord mes livres et mes notes de cours.

Exemple de fiche d'entraînements pour progresser en maths.

ENTRAÎNEMENTS EN MATHS

- **Objectifs à atteindre** : obtenir 10 au prochain devoir / réussir les équations / retenir les démarches à suivre.
- **Moyens** : effectuer les exercices correspondants sur le livre.
- **Dates des entraînements** : du 5 au 9 avril de 17 à 17H30.

Je recherche la bonne méthode pour progresser

1 - Je demande au professeur, à mes parents ou à des camarades de m'aider à comprendre mes erreurs.

2 - **J'applique les conseils de méthode** donnés dans ce livre.

J'ÉVITE MES ERREURS ANTÉRIEURES

FAIT

Avant chaque devoir

1 - **Je repère mes points forts et mes points faibles des devoirs précédents, notés sur ma fiche** (voir fiche 98).

2 - **Je retravaille mes points faibles** ou mal assimilés.

3 - Éventuellement :
- je compare mon devoir précédent à celui d'un camarade pour savoir comment il a réussi,
- je demande au professeur de me réexpliquer un point particulier incompris.

Au moment du devoir

1 - Je me dis que ce devoir est l'occasion de m'améliorer.

2 - Je pense à ma fiche avec ses points forts et points faibles.

Après le devoir

1 - **Je complète ma fiche points forts et points faibles**.

2 - Je barre sur ma fiche les erreurs que je ne commets plus.

3 - Je classe le devoir avec sa correction, par ordre chronologique, dans une chemise, une par matière. Sur la chemise, j'indique la date et la note obtenue.

4 - Dans cette chemise je glisse aussi :
- la fiche points positifs, points négatifs,
- les fiches d'entraînement (voir fiche 99).

5 - **Je rédige éventuellement une nouvelle fiche d'entraînements**.

INDEX

DU MÊME AUTEUR

Aux Éditions Pierre Girard :

- 130 Fiches Méthodes de travail pour le **CE**
- 82 Fiches Méthodes de travail pour le **CM**
- 91 Fiches Méthodes de travail pour la **Seconde**
- 100 Fiches Méthodes de travail pour la **Première** et **Terminale** (Bac)
- **Réussir études et formation** - Guide Coéffé des méthodes Tome 1
- **Réussir examens et concours** - Guide Coéffé des méthodes Tome 2

Pour toutes suggestions concernant ces fiches (modifications, demandes de nouvelles fiches...), vous pouvez écrire à :
Pierre Girard Éditeur - 5 impasse Mirabeau - 29000 Quimper
Tél. / Fax : 02 98 53 24 26

Vous pouvez consulter tous nos sommaires et trouver tests et conseils sur : **www.educatop.com**

Couverture : Céline BAMDÉ

Dépôt légal : Septembre 2009 - 492434Y
Jouve imprimeur 53100 Mayenne